मधु-अंगना

(सुरा-सुन्दरी वार्तालाप)

(Wine & Woman)

(Conversation)

लक्ष्मीमल लोढ़ा

पावटा बी रोड़, जोधपुर

SCIENTIFIC
PUBLISHERS (INDIA)

Published by:

Scientific Publishers (India)
5 A, New Pali Road, P.O. Box 91
Jodhpur 342 001 (India)

Branch Office
Scientific Publishers (India)
4806/24, Ansari Road, Daryaganj
New Delhi - 110 002 (India)

E-mail: info@scientificpub.com
Website: www.scientificpub.com

ISBN: 978-81-7233-893-0

Laser typeset : Rajesh Ojha
Printed in India

बापू

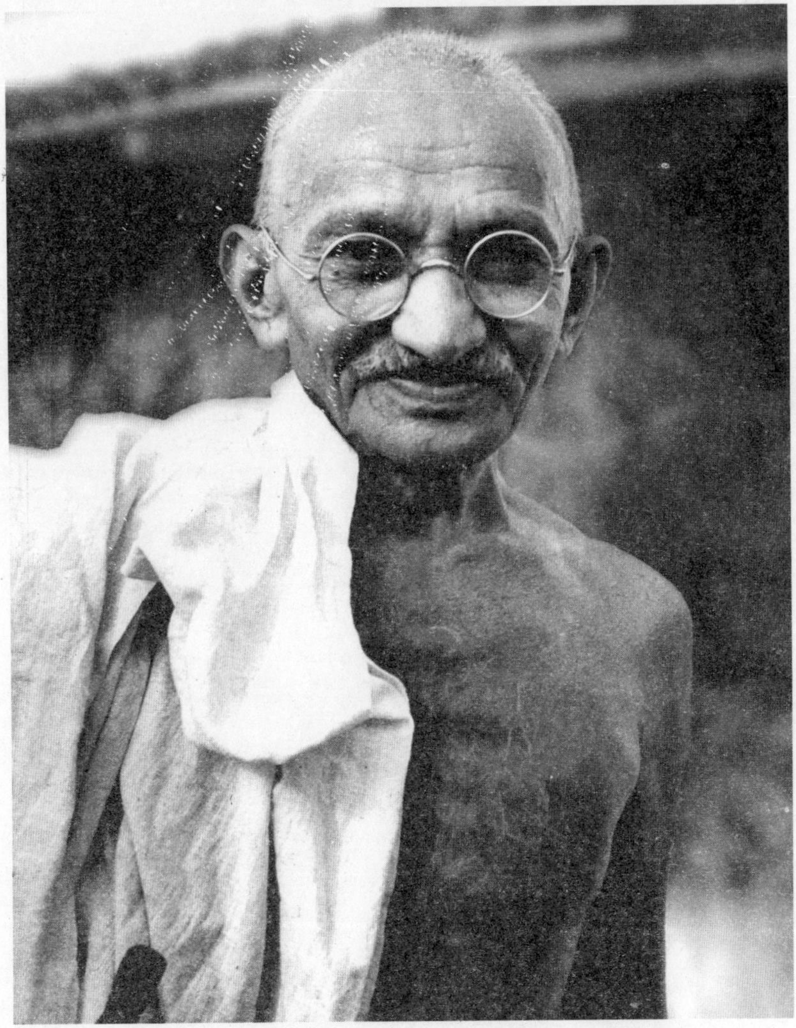

श्री मोहनदास करमचन्द गाँधी
(महात्मा गाँधी)

पूज्य माताश्री

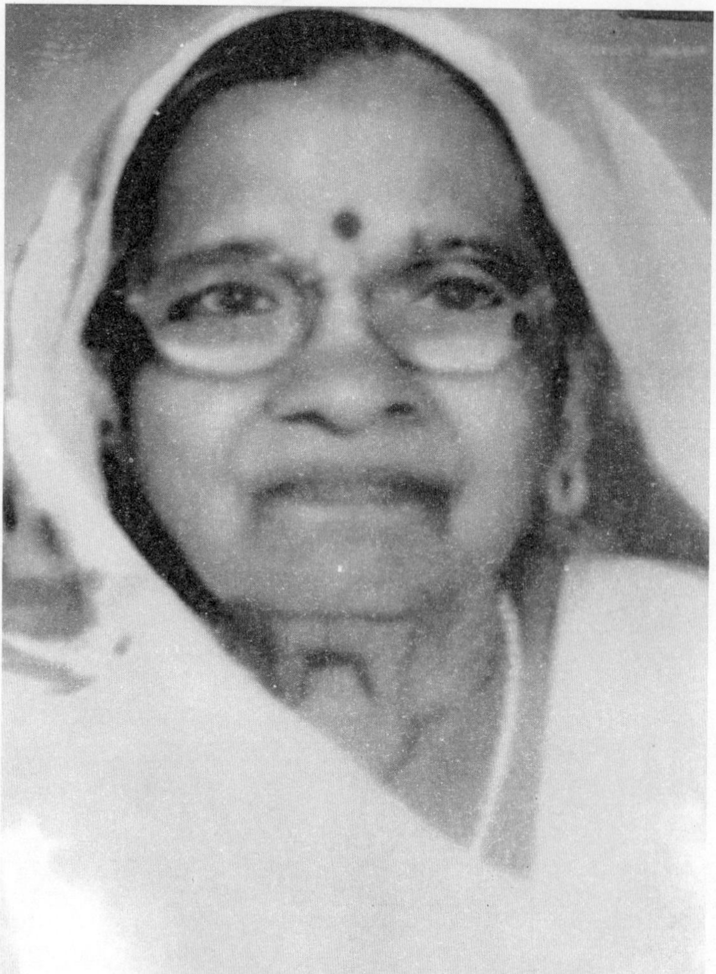

श्रीमति रूपकँवर लोढ़ा

पूज्य पिताश्री

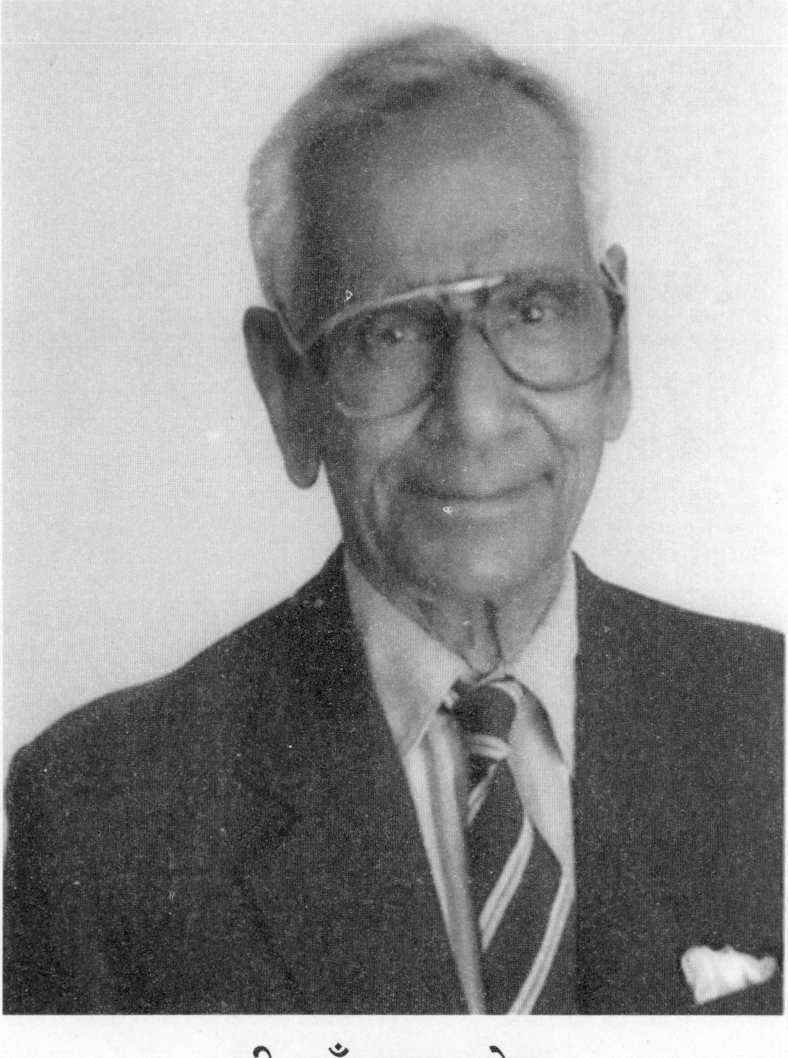

श्री चाँदमल लोढ़ा

प्रस्तावना

प्रिय काव्य प्रेमियों,

धर्म नहीं है, जाति नहीं है, भेद भुलाया मधुअंगना
मंदिर मस्जिद गुरुद्वारे सब, का संगम है मधुअंगना
देश विदेश की हद को भूले, याद रहे इसको सजना
अंगन चुम्बन, हलक उतारो, प्यार करेगी मधुअंगना

यह अधूरी अव्यवस्थित रचना मेरे अव्यवस्थित और अस्वस्थ देश के असंख्य देश वासियों को समर्पित है। जिसका हर प्राणी विशेषकर नारी असह्य पीड़ा से त्रस्त है। समाज की रचना हुई तब से कामिनी का भाग्य अधरझूल में लटक रहा है। इसका दोष पुरुषों को, समाज के ठेकेदारों और नेताओं को ही जाता है। सुरा ने जब-तब अगुवाई कर नारी की करुणामयी कहानी को उजागर किया, पुरुष प्रधान समाज की कुरीतियों का पर्दापाश करने का बीड़ा उठाया, तो मर्दों की हवस का शिकार हो गई। इस रचना में मधु-अंगना ने हाथ से हाथ मिला मर्दों को चुनौती दी है। नेताओं को ललकारा है। देश को दुश्मनों से आगाह किया है। जो देश के भीतर घात लगाए बैठे हैं। देश की दुर्दशा पर देश के नौजवानों को क्षोभ है या नहीं? नेता जातिवाद का ज़हर अमृत बताकर खुले आम पिला रहे हैं। धर्म, अधर्म की सीमा लांघ रहा है। व्यक्तिगत स्वार्थ सत्यानाश की सीमा पार कर चुका है। भृष्ट, भ्रष्टाचार का भय दिखा रहे हैं। देश को गरीबी फफूँदी की तरह निगल रही है। नेता नयनों के तारे बने आसमान को लूट रहे हैं। इस घिनौने माहोल में दो दुर्बल असहाय

अभागिन सखियाँ “मधु-अंगना” का नवयुवकों को देश प्रेम की सरिता में बहा ले जाने का असफल प्रयास किया है।

मालूम नहीं ये कविता है या काव्य, गीत बनेगा या संगीत। मन की तड़प का एक हिस्सा तब आँसू बन कर बह गया था, जो बच गया वो शब्दों मे ढ़लकर इस अधूरी रचना का रूप लेकर प्रस्तुत है। इस रचना की दो पंक्ति भी यदि पसन्द आयेगी तो मधु-अंगना समझेगी प्रयास विफल नहीं गया, अमृत की दो बूँद बन हलक के नीचे उतर गई, और अंगना को मिल गया आँगन।

मधु को जहर बनाने वालो क्या देखोगे सावन
घर आँगन को नरक बनाया, कैसे होगा मन पावन
मातृ भूमि की ममता को भी धर्म जाति पर ठुकराया
अंगना (माँ) जो आदर्श (देशप्रेम) सिखादे उसका पावन आँगन

भूमिका

प्रिय पाठकों,

जीना मुश्किल है दुनियाँ में
मरने की आस लिये जीते
पल दो पल जीने के खातिर
जीवन की प्यास लिये जीते
नयनों के सागर सूख गये
बरखा बरसे या ना बरसे
मधुअंगना बरस गई फिर तो
मर कर भी दुनियाँ में जीते।

ये सारी सम्पूर्ण किन्तु अतृप्त रचनाएँ मेरे पूज्य पिता श्री बाबूजी स्व. श्री चाँदमलजी लोढ़ा, माताश्री श्रीमती रूपकँवर लोढ़ा एवं राष्ट्रपिता बापू महात्मा गाँधी को तहे दिल से समर्पित करता हूँ। बाबूजी का न्याय क्षेत्र में अविस्मरणीय योगदान ही नहीं रहा अपितु मन से राष्ट्र और समाज सेवा रही है। बाबूजी, बापू को अपना आदर्श मानते थे। खुद के ऑफिस में बापू की हाथ जोड़े हुए तस्वीर हमेशा रखते थे। बापू की तरह ही बाबूजी तटस्थ, धैर्यवान, विनयशील, स्वावलम्बी, सेवाभावी, अहिंसावादी - सत्यभाषी, कर्तव्यपरायण, सादा जीवन, मैत्री पूर्ण व्यवहार एवं सदाचारी थे। जाति पांति में विश्वास नहीं। ऊँच नीच का भेदभाव नहीं किया। सबके लिए समभाव और प्रेम था। गरीबों के लिये दिल पसीज़ता था। धर्म में आस्था थी। सर्वधर्म मान्य था। साधारण परिवार से उठकर जीवन की सम्पूर्ण यात्रा विपरीत परिस्थितियों से झूँझते हुए संघर्षमय जीवन के साथ तय की। स्वयं का बड़ा परिवार - हम आठ भाई

बहिनों की परवरिश में कभी कोई कमी नहीं आने दी। सबको ऊँची और अच्छी शिक्षा के साथ अच्छे संस्कार देने की भरपूर कोशिश की। हम आठ भाई बहिनों का परिवार फैल कर दौगुना चौगुना हो गया लेकिन बाबूजी पारिवारिक मुख्या होने के साथ पारिवारिक मित्र बने रहे। वो बहुत खुश थे कि उनको पाँचवीं पीढ़ी देखने का सुख और फक्र हासिल हुआ। उनको परिवार से और समाज से ताउम्र मान सम्मान मिला। लेकिन इस बात का कभी अभिमान नहीं किया। छोटे से छोटा काम किसी भी उम्र में खुदके हाथों से करने में हिचक नहीं थी। राजस्थान हाईकोर्ट और आसाम हाईकोर्ट के चीफ जस्टिस थे तब भी नहीं। मेहनत, मजदूरी और पुरूषार्थ उनके सादे जीवन के अभिन्न अंग थे। खेलकूद, आमोद-प्रमोद में किसी से पीछे नहीं थे। बच्चों के साथ बच्चा बन जाना उनको बेहद पसन्द था। संगीत और गाने में भी रूचि थी। अन्तिम समय में पन्द्रह दिनों तक बीमार रहे। धैर्यपूर्वक बिमारी को झेला। अन्तिम सांस तक चेहरे पर मुस्कान लिए हुए लड़ाई लड़ी। उनका हँसता हुआ चेहरा मेरी जिन्दगी की सबसे बड़ी अमानत है। आज दिन तलक वो मेरे पास हैं, मेरे साथ हैं। और हमेशा रहेंगे। बाबूजी और बापू को मैं समकक्ष देखता हूँ। दोनों ही मेरे प्रेरणा स्त्रोत है। दोनों को वंदन करता हूँ।

मधु अंगना का जन्म मेरे एक मित्र की शादी के दौरान हुआ। हाईकोर्ट का ग्रीष्म अवकाश था। मित्र को विवाह उपलक्ष कोई भेंट देनी थी। भेंट स्वरूप मैंने नक्काशी की हुई पीले धातु से बनी सुराही का चयन किया। मुझे लगा कि खाली सुराही वैसे ही देना तो ठीक नहीं। शराब उसमें भरना नामुमकिन था। तो शायराना अंदाज में चार लाईने लिखकर मित्र की जीवन संगीनी को भेंट कर दी। वो चार पंक्तियें पढ़ कर बेहद खुश हुई। जीवित रहीं तब तक गुनगुनाती रही। उन चार पंक्तियों के आगे कड़ी से कड़ी, गर्मी की

इन छुट्टियों में जुड़ती गई और "मधुअंगना" गर्भ में कब विकसित हो गई पता ही नहीं चला। छुट्टियें खत्म हुई तो प्रसवकाल भी। लम्बे समय तक बिना लालन पालन और बिना सही देखरेख के वैसे ही रोती बिलखती रही कि कहीं से प्यार मिले दुलार मिले तो जीने का सार मिले। नहीं मिला। एक दिन मेरे पुत्र तनुज लोढ़ा की नजरें मेरी उस डायरी पर पड़ी जिसमें मधुअंगना कैद थी, सिमट कर सोई थी। फिर क्या था, "मधुअंगना" के दिन पलट गये। तनुज ने देखभाल की जिम्मेदारी ली और "मधुअंगना" को गुदड़ी में से निकाल कर गोद में बिठाया। तब से "मधुअंगना" का रूप निखर आया। तनुज चाहता था इसका श्रेय उसे मिले, उसे ही है किन्तु मुझे भी जिम्मेदारी का अहसास हुआ। फिर तो बेटा तनुज, बेटी पुनिता, मैं और मेरी पत्नि रूक्मा चारों ने मिल कर मधु अंगना की देखभाल की, उसे प्यार दिया, सम्मान दिया। आज मधु अंगना खुद अपने पैरों पर खड़ी है बावजूद इसके कि खुद उसको अहसास है कि वह सुन्दर है, कमसिन है, जवानी की दहलीज पर खड़ी है। जो भी उसको देखेगा, उसका हो जायेगा, उसी को राह, उसी को मंजिल समझ बैठेगा। लेकिन मधु अंगना अडिग है, अमर है, अपने ध्येय को समर्पित है। कटिबद्ध है देश के लिये, समाज के लिये, राष्ट्रहित के लिये, मातृ भूमि की ममता के लिये, नवयुवक चेतना और नारी उत्थान के लिये।

मातृभूमि की ममता हेतु "मधु अंगना" को है जीना
देश प्रेम की इस अग्नि में "मधु अंगना" को है मरना
नवयुवकों से प्यार मिला तो नारी को सम्मान मिला
सुख दुःख की सब घड़ियों में भी "मधुअंगना" के संग जीना।

– लक्ष्मीमल लोढ़ा

अनुक्रमणिका

(खंड - 2) काव्य-कामिनी

(खंड - 1)

मधु अँगना

झारी नारी – समीक्षा

कहने में कह देते हैं सब,
तूँ, केवल एक सुराही है
दुनियाँ ने गौर किया होता तो
कहते तूँ हरजाई है
तुझमें कोई कमी नहीं जो
तुझ पर प्यार नहीं आये
तूँ इतनी सुन्दर है कि नारी
तेरी ही परछाई है।

नारी का जिस्म हुआ उज़ला
पर तेरा रंग सुनहला है
जिसने भी तुझको छेड़ दिया
वो खुद नहीं वापस सम्हला है
गर्दन तेरी कुछ लम्बी है
लगती ऐसी ही अच्छी है
गेसू के साये गिरते हैं तो
तूँ भी लगती चपला है।

नारी ने पैरों की थिरकन
तेरे पैरों से सीखी है
तूँ भी अब घूँघरू बंधवाले
नारी सी कमसिन चलती है।

तेरे एक हिस्से से लगता
नारी की कमर बनी होगी
उरोज़ देखकर लगता है
वो तेरी एक सहेली है।

नली निकाले खड़ी हो गई
क्या अभय दान ही दे डाला
या हाथ जोड़ कर देवी सी
मन्दिर में वन्दन कर डाला
अलसाई आँखों से देखा
नारी ने सारी दुनियाँ को
तब तूने बाहें फैला कर
दुनिया को घेरे में डाला।

नारी के बाल खुले होंगे
तो होश कहीं उड़ जायेगा
ढ़क्कन खुलते ही सुराही का
सब ग़म गायब हो जायेगा
नारी के नयनों के गड्ढे
अश्कों को रोज रूलाते है
तेरे गड्ढों के सागर से
दुनियाँ का दुख बह जायेगा।

तेरी गोद निराली है
पहलू तेरा है मतवाला
जो शरण देती है दुनियाँ को (मदीरा)
उसको भी तूने है पाला

मधु अंगना/3

वो (मदिरा) रानी नहीं महारानी है
साकी की एक कहानी है
लेकिन तूँ (सुराही) उसकी शैय्या है
दुनियाँ कहती जिसको हाला।

सुरा-सुन्दरी - (एक परिचय)

मदिरा तुम मतवाली हो
    मदिरा का मन भोला भाला
हाला का इतना त्याग बड़ा
    कि नारी पर भी हक डाला
नारी को भूल गये कुछ लेकिन
    तुझको भूल नहीं पाये
अपमान हुआ है नारी का
    तुझको (मदिरा) इतना सम्मान मिला

नारी के आँखों की लाली
    सुन्दरता और बढ़ाती है
लाली यदि मिट जाये, तब
    नारी क्यूँ मुरझाती है
मदिरा की बात निराली है
    जो सदियों रूप नहीं खोती
हाँ छू लेगा यदि कोई तो
    आँखों में छाती लाली है।

कमर से तेरे (नारी) लिपटी है गेसुओं की बेल
    पर बनी है जननी इसकी (मदिरा) अंगूरों की बेल
बाहों में तूने (नारी) सिमटा है संसार का ये जाल
    सिमटा है इसने (मदिरा) जिसको पूछो नहीं उसका हाल

इसमें नहीं है शक वक्ष तेरे (सुन्दरी) उभरे हुए
पर ये (सुरा) कहती है कब वक्ष मेरे उभरे हुए
अगर इसे पहचानना है (मदिरा)
तो एक घूँट हलक से उतारना है
फिर कहोगे सब, वक्ष सबके उभरे हुए

तेरे (सुन्दरी) स्तन ने प्यार किया
रोते बच्चे को दुलार दिया
पर इसका (सुरा) अमृत पान किया
उन सबको ही आराम दिया।

तूँ (सुन्दरी) मीठे सुर में गाती है
तो कभी कभी चिल्लाती है
आवाज मगर दी है इसने (मदिरा)
जुबान अगर दी है इसने
पर इसने कभी न जाना है
कि कैसे हुआ जताना है।

तूँ (सुन्दरी) भोले पन में बोलेगी
तो उसमें भी कुछ घोलेगी
पर ये (मदिरा) सीधी सच्ची है
कुछ बोलेगी न तो लेगी।

गुस्सा जब तुझको (सुन्दरी) आयेगा
तो सच्ची सामत आयेगी
हम सब जीने वालों पर
एक सच्ची आफत आयेगी

पर नहीं मालूम इसे (मदिरा) है क्या
गुस्सा क्या चीज़ बला है, क्या

इसने जाना है मुस्काना
फूलों जैसे बस खिल जाना।

तूँ (सुन्दरी) थक जाती है, रो देती है
खो जाती है सो लेती है

इसने (सुरा) जाने क्या पाया है
जाने क्या क्या सब खाया है

थके जनों को लब से लगाकर
खोये हुओं को दिल से सटाकर

जाने क्या ये कर देती है
सब का सब दुख हर लेती है।

तेवर तेरे (सुन्दरी) चढ़ते ही
भृकुटी भी चढ़ जाती है

अच्छा खासा रूप सलोना
पर आखें चढ़ जाती है

शंकर भोला मन से पोला
जान सका न पर ये खेला

पार्वती नाराज हुई क्यों
शाम की ऐसी अच्छी बेला

पर मदिरा नाराज हुए क्यों
उसको न कोई लेना देना

अधरों से एक बार लगे तो
चलता रहता इसका रेला

हे! आँसुओ की जननी (सुन्दरी)
क्यूँ अश्क ये बहाया

खुद की आँखों में आँसू
उसी में हमें डुबाया

इक है कि मदिरा, जन्मी तो मस्ती में
रहती तो बस्ती में,

दिन के उजाले में, रातों के साये में
करती है रंगरेलियां,

आठों पहर किलकारियां
जीने की उमंग, मरने में दभंग
फिर रहे क्यूँ घाटे में

माना तूँ सुन्दर है (सुन्दरी) मन भावन भी
चित्तचोर बनी पर है चकोर भी

चतुराई तेरी लाज़वाब
तेरा मिल जाना एक ख्वाब

इससे (मदिरा) बस एक बार मिलो
हर दिन फिर सौ बार मिलो

तुम रूप सुनहला पाओगे
तुम इसमें ही खो जाओगे।

युवती में जब तक लज्जा है
तब तक लगती वो सुन्दर है

मगर तेरी (मदिरा) बेशर्मी ने
तुझे बनाया सुन्दर है।

संकोच शील बन कर नारी
सुन्दर बनने का ढ़ोंग रचे
पर जब जब लज्जा वस्त्र फटे
हम सबको लज्जा शील करे

तेरी (मदिरा) भोली सूरत पर
संकोच तो है पर ढोंग नहीं
लज्जा तुझको भी आती है
पर इसका तुझको बोध नहीं
ये कारण है, हो कर भी तूँ लज्जावती
पुरूषों की नावें खेवती

संकोचशील तेरे (सुरा) अमृत का पान कर
घर जाते फिर तो बेधड़क
ऐसे में गीदड़ शेर लगे
और कालीदास शेर पढ़े
जो (सुन्दरी) काली बन कर रहती है
जो चंडी बन कर फिरती है
घुटनों के बल शीश नँवा
वो सौत समर्पण करती है

जिसको था अब तक गुमान
पाया नहीं जब उसने (सुन्दरी) सम्मान
वो लज्जित हो शरमाई थी
क्यूँ बार बार सकुचाई थी
तुमने (मदिरा) तो कुछ भी न माना था
पर (सुन्दरी) उसने हार ही मानी थी।

जब हार गई वह (सुन्दरी) मदिरा से
उसने यह निर्णय कर डाला

पक्का तब उसने बैर किया
उपर से प्यार जता डाला

वो गुस्से में झुँझलाई थी
उसने कुछ कसमें खाई थी

मदिरा ने पर खैर किया
मन मौजी होकर सैर किया

अबला आवेश में आपा खो बैठी
प्रियतम से अलेदा जा बैठी

साजन ने प्यार जताया भी
सजनी को बहलाया भी

पर होश नहीं आया उसको
सिर्फ जोश ही आया था उसको

जोश में होश गंवा बैठी
प्रियतम को शैय्या छोड़ के वो

साजन की बैय्या छोड़ के वो
काँटों की सेज पे रो लेटी।

मदिरा को प्यार जताना था
रूठे साजन को मनाना था

सजनी उससे रूठ गई
जब खुशियाँ उसकी टूट गई
रातों के लम्बे सायों में

साजन को किनारा पाना था
मदिरा ने फिर साथ दिया
खुद अपना घर बर्बाद किया
छल छल छलकी प्याले में
चाहे फिर बह गई नाले में

साजन सोया वो (सुरा) जागी थी
सजनी सोई वो खोई थी
पर उसने ना अहसान किया
ना सजनी का अपमान किया
भौर हुए वो (मदिरा) सोती थी
शाम हुए फिर लौटी थी
सबने उसका सत्कार किया
मदिरा का जै जै कार किया

फिर युवती क्यूँ तूँ डरती है
तूँ भी कर वो जो करती है
तेरी शोभा दिन रात बढ़े
सुन्दरता में चाँद लगे
पर करो न मदिरा से ईर्ष्या
अबला से कहती है वैश्या
ये सीख उसी से लेना तुम
फिर गाते रहना झूम झूम।

नारी-देवकन्या

फिर क्या था घूँघरू झूम उठे
महफिल में सूरज चाँद सजे
प्यार का दिया लौ जलती है
तूँ दरबारी संग चलती है
हाथ रचे तेरे मेहँदी में
पाँव तले तेरे मेहंदी है
तूँ इठलाई, तूँ शरमाई
दुनियाँ नखरे सहती है।

ढ़लता सूरज मायूसी लाये
पर तेरी दुनियाँ ही बसाये
चूल्हे ठंडे भले पड़े हो
रोते बच्चे बिलख रहे हो
पर सजनी साजन संग गाये

नूपुरों की झंकार पड़े, जब कानों में
डूबे कई मंझधार, ऐसे तेरी राहों में
कपड़े हैं तेरे रेशम के, चुनरी है तेरे सलमें की
ऐसे में फिरदोश जवानी, क्यूँ सम्हले तेरे साजन की

कंगन तेरे हाथों में
चलते हैं उपर नीचे
कई दर्जनों आँखे
चलती हैं पीछे पीछे

कसी अंगुलियाँ ऐसी
मोती में हीरों में
पतवार पकड़ के उनकी
नैय्या को उनकी खींचे।

नारी अब डूबी हारों में
नहीं सोयेगी जवां रातों में
किसी ने मोती हार दिया
किसी ने हाहाकार किया
जब मंगल सूत्र ही पहनाया
और झूठा तुझको अपनाया
तो बैठी तूँ गुलजारों में

कानों में कुछ तो पहना है
माथे पे कुछ तो लटका है
क्या बोर ही कहते है इसको
सूरज आकाश में लटका है
या रात में चन्दा चमका है।

नाक तो सबकी है रखनी
क्या इसिलिये पहनी है नथनी
रात अभी पूरी बाकी
नारी तूझे बनना है साकी
माथे की बिंदिया ले गई निंदिया
क्या होगा इन यारों का
रात गये घर याद करे
क्या होगा घर वाली का

तूँ पान का बीड़ा ले आई
सबको फिर फिर दे आई
पैरो ने थपकी दे मारी
नूपुरों ने फिर झपकी मारी
शाम ने कच्ची उमर खोई
घर वाली बस रोई धोई

फूलों के गजरे इठलाये
माथे की बेणी मुस्काई
तबले पर जब ताल पड़े तो
तूँ धीरे धीरे खिसियाई

फिर धीरे धीरे साज हिले
उनमें तेरी आवाज मिले
घुँघरू की झनकार हुई
दुनियाँ के सिर ताज हिले

चन्दन का बदन जब जब थिरके
तूँ देखे जब जब भी फिर के
लम्बे बालों के साये हैं
या नाग हैं चन्दन के लिपटे

आँखों का काम अभी बाकी
जो चुपके चुपके होता है
दिल लेने देने आये थे
वो खाते इनमें गोता हैं

कजरारी हैं सुन्दर आँखें
कह देती हैं सच्ची बातें
पलक गिरे तो समझ ये जाना
कतल हुई बेरी रातें

जब कमर ने हिलना शुरू किया
तो लटों ने गिरना शुरू किया
राग में डूबना चाहती थी
तूँ साज पे तैरना चाहती थी

थिरकी थी लहराई थी
झूमी थी बल खाई थी
पर जाने तूने क्या खोया
तेरा यौवन अब भी सोया

हुआ न तुझसे कुछ ऐसा
जो कर देती सबको वैसा
तूँ इतना ही बैचेन हुई
कि लज्जा छोड़ के आई थी
पर फिर से लज्जा शील हुई
घुँघरू के झूमके टूट गये
फिर भी न वो झंकार हुई

जो पतंगे जलने आये थे
वो जल कर भी बर्बाद हुए
वो शमा जलाने आये थे
दीपक बाती उदास हुए

जाने क्यूँ सब मेहरबान
    उठ उठ के जाना चाहते थे
तेरे मेहफिल को छोड़ छाड़
    कहीं और बसेरा चाहते थे
ऐसे में आगे आती है
    जो कहलाती तेरी दासी (सुराही) है
उठने वालों को रोक दिया
    कानों में कुछ घोल दिया
होटों पे जिव्हा रेंगी थी
    जैसे अमृत को घोल दिया

पलक झपकते ही देखा
    तूँ हो गई झट से आवारा
एक पलक मूँदते दासी को
    जाने क्या कर गई ईशारा।

सुन्दरी संवाद

तूँ हाथ जोड़ बोली सबसे
    तूँ राग छोड़ बोली गम से
हम लोगों ने अन्याय किया
    क्यूँ हाला का मन दुखा दिया
हम सब तो अपमानित हैं ही
    पर शिव ने उसे सम्मान दिया

महफिल में कुछ जोश नहीं
    इसमें मदिरा को दोष नहीं
वो कब से तैय्यार हुई बैठी
    जाने हमको क्यूँ होश नहीं

उसकी प्यारी गहरी बातें
    करती हसीन सबकी रातें
मदिरा को नहीं याद किया
    तो उसने भी नहीं प्यार किया
तेरे जीवन की एक भूल
    खुशियाँ कर देगी सारी गुल

तूँ जीवन भर पछतायेगा
    रोते रोते मर जायेगा
पर बिना बुलाये वो रानी
    क्या ऐसे ही आ जायेगी

वो नर्तकी नहीं मेरे जैसी
जो बिना नचाये नाचेगी

वो महलों की पटरानी है
सब देखती है पर कानी है
मासूम जवानी है उसकी
जो पिघले तो फिर मिनटों में
जो उसको हैरान किया तो
ना सम्हले फिर घंटों में

प्यार से उसको छूओ तुम
तो ठंडा उसको पाओगे
ज्यादा ही आँख लड़ाली तो फिर
गर्म जवानी पाओगे

चलो खड़े हो जाओ सब
अब उसकी स्तुति करने को
वो रूठ गई अगर हम से
तैय्यार हो जाओ मनाने को

फिर आखिरी चाह बता देना
तुम आखिरी दाँव लगा देना
मैं साथ तुम्हारे हूँ सबके
मदिरा के पाँव पकड़ लेना

मैं जानती हूँ वो अच्छी है
उमर की बिल्कुल कच्ची है
बच्ची सा भोलापन उसका
तुम प्यार करो तो सच्ची है

मैंने दासी (झारी) को भेजा है
देवी (मदिरा) का पता लगाने को
करो आराधना सब उसकी
उस देव कन्या को पाने को

दिल की कलियाँ है सूखी
जब तक वो प्रगट नहीं होती
चेहरे पर खुशियाँ हो कैसे
समस्या विकट नहीं टलती

धीरज से सब काम करो
मन से सब मदिरा याद करो
वो सखी ममता की मूरत है
अच्छे शगुनों की सूरत है

दया भी उसमें खुब भरी
जिसको चाहती है करे हरी
मिल जाओ उससे एक बार
फिर सुनते जाओ खरी खरी

मिल जूल के गाओ एक स्वर
हम लोगों की सुन ले अगर
तो जीना सार्थक हो जाये
हो जायेंगे हम सब अमर

देखो अन्दर क्या करती है
पावन मन्दिर में रहती है
शायद वो क्रोध में बैठी हो
या कोप भवन में सोती हो

हमको भी मनाना आता है
गर उसको रूठना आता है
माना पहले में नादां थी
पर अब तो गाना आता है

कहदो उससे हम गैर नहीं
वो बहन है मेरी सौत नहीं
मैं साजन छोड़ के आयी हूँ
संग तेरे रहने आयी हूँ

तूँ नीडर है तूँ निर्भय है
आज नहीं मैं भी कायर
मैं तूझे लिवाने आयी हूँ
तूँ आजा मेरे संग बाहर

मैं भूल गई फिर चूक गई
तेरी अपनी मर्यादा है
तूँ है बेटी एक राजा की
मैं एक अबला नारी हूँ
इससे ज्यादा कुछ और नहीं
कि ये अपनी सहयात्रा है

मैंने तुझको समझ लिया था
दामन के संग चोली
ये तो थी तेरी मज़बूरी
संग मेरे खेली होली
जैसा भी हो तुझसे मैंने
अब तो नाता जोड़ा

शायद कारण यह भी हो
तुम प्यार से हम से बोली

देखो अब तो देर हुई है
रात की पहर एक ढ़ेर हुई है
शहज़ादे सब तुम से हारे
अँखियां थक के चूर हुई है।

मैं कसम उठा कर कहती हूँ
मैं कान पकड़ कर सहती हूँ
इक बार हमें बस माफ करो
पिछला हिसाब नहीं साफ करो

वो (रंगीले) पट के हैं उस पार खड़े
बेसब्री से इन्तजार करे
दुखियों के दिल नहीं दुखी करो
कर सकती हो तो सुखी करो

मर्द गुनहगार बेलज्जित हैं
हम तो महफिल में सज्जित हैं
हम धूम धाम से नाचेंगे
और झूम झूम कर गायेंगे
एक बार अगर तुम (मदिरा) मुस्कादो
पैरों में घूँघरू बंधवा लो।
फिर देखो क्या क्या होता है
कौन यहां क्या खोता है
रात बनेगी मतवाली
कोई गाता है कोई सोता है

क्या सच में तूने थूका गुस्सा
 कि याद किया अधूरा किस्सा

कुछ तो हम से तुम बात करो
 कुछ हम पे भी अहसान करो

हम भुगत चुके पहले काफी
 अब हमको तुम दे दो माफी

हम तुम्हे मनाने आये हैं
 हम तुम्हे लिवाने आये हैं

देखो रथ सुन्दर द्वार खड़ा
 उसमें अश्वों का जोड़ा पड़ा

तुम उन पे तो अहसान करो
 उस रथ के तो मेहमान बनो

वो तुम्हे उड़ा ले जायेंगे
 पल भर में पहूँचायेंगे

आँखें थी अब तक प्यासी
 वो मेघ देख जी जायेंगे

सुराही संवाद

अंग रक्षक मधु के पास खड़ी
चुपके से बोली नारी को
मैं सुराही हूँ या हूँ झारी
आदेश देती हूँ नारी को
मधुरानी नाराज़ नहीं
ये वहम तुम्हारा अपना है
जिसका कोई इलाज़ नहीं
कहलाता वो एक सपना है

अब अदब करो अभिमान करो
मैं रानी (मदिरा) लेकर आती हूँ
रानी की आज्ञा पाने को
कब से इनके मैं पास खड़ी
मानपान फिर से बाँटो
मैं सेना लेकर आती हूँ
आँखों का इशारा पाने को
कब से मैं तैय्यार खड़ी

मैं कब से नहाई धोई हूँ
कब से कर ली मैंने उबटन
इत्र फुलेलों की होली से
कब से भीगी है चोली
फिर भी तुम हम से व्यंग करो
और लेने आई हो जबरन
तेरे ऊँचे गुणगान सुने
हमने तेरे अरमान सुने
पर नहीं था हमको ये मालूम
तेरे दामन में द्वेष पले।

मदिरा संवाद

अब सहा गया नहीं मदिरा से
अब रहा गया नहीं मदिरा से
वो खुद भी उतनी पीड़ित थी
जितना युवती को देखा था
आँसू पौंछे उस नारी के
फिर प्यार से उसको देखा था

नारी गद्‌गद्‌ कुछ हुई ऐसी
पैरों में उसके जा लिपटी
आवेश में आवेग को प्राप्त हुई
बाहों में उसके जा सिमटी
जैसे धरती आकाश मिले
कुछ देर ही बाकी है अब तो
जब साकी की बारात चले

बोली तुम क्यूं गमगीन हुई
गम में ज्यादा कमसीन हुई
दुनियाँ रूप में खोती है
हम रात रात भर रोती है
दुनियाँ की ये रीत हुई
पर हम दोनों मनमीत हुई

मदिरा ने उपर यूँ देखा,
झारी को खामोश किया
बोली तूँ अब भी भोली है
चुप रहने का संकेत किया
मालूम नहीं क्या तुझको भी
मेरा युवती से क्या रिश्ता
हम दोनो साथ ही पली हुई
जमाना हम दोनों को पीता

प्रेम की चक्की चलती है
हम दोनों उसमें पिसती हैं
सौदागर सौदा करते
दुनियाँ देखती रहती है
खामोश निगाहें उठती हैं
उठ कर के झुक जाती हैं
इस क्रम का कोई अन्त नहीं
हम आखिर में थक जाती हैं
ये कैसा क्रूर मजाक हुआ कि
कहा सुहागिन दोनों को
पर ये कुदरत का खेल हुआ
बनाया अभागिन दोनों को

विडम्बना

दुख ने हमको पाला है
दुख सह सह कर हम जीती है
विधि की विडंबना है कैसी
दुनियाँ हमको पीती है।
बचपन बीता रोते रोते
जवानी गम में जीती है
दुनियाँ पर कोई जोर नहीं
चुपचान पड़ी हम सहती हैं

आँखों के कोये बड़े बड़े
लगते हैं सबको बड़े भले
अंसुअन की जब धार फटे
मोती से आँसू बड़े बड़े
बिंदिया माथे पे रहती है
लगता है हम पर हँसती है
जाने क्या शूल लगे उसमें
जो हर दम चुभती रहती है

माथे में दो भाग पड़े
उसमें सिंदूर की मांग पड़े
पर रंग नहीं ये दुल्हन का
जिसमें प्रियतम का प्यार पले
ये रक्त उन्हीं जिस्मों का है
जो जिस्मों का आहार करे

लेकिन इसकी काया देखो
रक्त की मैली माया देखो
बन बैठी सिंदूर सुहागन
फिर भी लगती पूरी अभागन
जंगल में पगडंडी निकली
उस पर खून गिरा हुआ है
खुर के साफ निशां है लेकिन
अपराधी क्यूँ बचा हुआ है।

बालों के बेणी की गरिमा
फूल जलाये जाती है
इक हवा का झौंका आये
धूल उड़ाये जाती है
बाल खुले तो तूँफां आये
जिसमें आशायें उड़ जाये
हँसी खुशी का ऐसा आलम
बसन्त में पतझड़ ले आये

गर्दन में जो हार पड़े हैं
हीरे मोती बेजान पड़े हैं
लगता है वो खीज उठेंगे
छेड़ा तो फिर बिलख पड़ेंगे
मंगल सूत्र देखो कहता है
तेरा ये रिश्ता झूठा है

हक लगता है उस लक्ष्मी का
जिसका सब कुछ लूट चुका है
माना हमने सब कुछ खोया
सब खोकर भी कुछ नहीं पाया
अपने आप को बेचा हमने
दुनियाँ से ये तोहफा पाया।

मर्दो की हर चाल निराली
डिग मिग डिग मिग करने वाली
आ जाते जब द्वार हमारे
हम हो जाती हिम्मत वाली
कहलाती हम किस्मत वाली

हर चाल ने हमको फाँसा है
कहते शतरंज का पासा है
कोई ढाई घर चाल चले
तो कोई तिरछी चाल चले
पर रानी (हाला बाला) की मजबूरी देखो
प्यादा बनता राजा है
अपने दर पर जो भी आते
वो दूल्हे बन जाते हैं
सौ सौ चूहे खाये बिल्ली
फिर भी सज धज आते हैं

कोई बंगाली बाबू बन
    मुँह में पान चबाते हैं
धोती कुर्ते का जामा पहन
    पीक दबाये आते हैं
राजस्थानी रंग रंगीला
    पगड़ी साफा और हटीला
नीली कजरारी हैं आँखें
    फिर भी है थोड़ा ज़हरीला

बनारसी बाबा मुँह में जर्दा
    हाथ उठाये आते है
सोने की एक चैन गले में
    साथ में पंडा लाते हैं
गुजराती भैय्या छोड़ के मैय्या
    दौड़े दौड़े आते हैं
धोती उनकी ढ़ीली ढाली
    हाथ में डंडा लाते हैं
महाराष्ट्री आसामी वो तेलगू
    कोई तो है तमिलनाडू
बोली अपनी बोलते
    पर एक दूसरे के साडू

कुछ गौरे हैं कुछ काले हैं
आपस में लगते साले हैं
माना अपना तो कुछ भी नहीं
वो बीबी बच्चे वाले हैं

भूखे नंगे प्यासे से लेकर
रईस घराने आते हैं
मंत्री हो या हो संतरी
राज घराने आते हैं

समदृष्टि

मानव मानव में भेद नहीं
जाति पांति का फेर नहीं
ना मेरा कोई अपना है
ना तेरा कोई अपना है
कैसा सुन्दर ये सपना है

अपना धर्म वही है जो
कह देते संगी साथी
अपना करम वही है जो
कर देते रंगी साथी
ऊँच नीच से क्या लेना
और जात पांत में क्या देना
जो कोई इनसे परहेज करे
हमकों उनके संग नहीं रहना

राजनीति की सरगर्मी
नहीं छूने पाती हमको
मर्दों की अतृप्त निगाहें
नहीं सोने देती हमको
धोली पीली भगवा टोपी
लगती है सब की सब भोली
लेकिन कैसी है ये टोली
पैरों तले रौंदती हमको

नौकर शाही हम पर हावी
    हम अफसर शाही पर हावी
जन तंत्र बना है घर अपना
    और समाजवाद अपना सपना

नेता की पहिचान

नेता चिल्लाते हैं या बकते हैं
    समाजवाद को रटते हैं
अक्षर ज्ञान भले इनको हो
    अर्थ नहीं इनको आता हो
जनता को बहलाते हैं
    और झूठी शान दिखाते हैं

जनता भोली भाली ठहरी
    (नेता) इनकी अपनी माया गहरी
हमने इनको पूरा जाना
    जान जान कर हमने ठाना
चोर उच्चके बनते नेता
    कहलाते हैं युग के त्रेता

लम्बे चौड़े भाषण छाँट
    फिरते रहते घाट घाट
जनता को फुसलाते हैं
    और मन ही मन इठलाते हैं
इनका अपना इमान नहीं
    ये सबके मेहमान सही
आगे पीछे प्यादे हैं
    और इनके खोटे इरादे हैं

हर रोज नया एक नारा है
फिरत रहते आवारा हैं
नहीं हुए ये बीबी के
फिर क्या होंगे गरीबी के
चन्दा रोज उगाते हैं
हर रोज यहाँ पर आते हैं

भेष अलग इनका होता है
देश अलग इनका होता है
इनका सब अपना होता है
सपना नहीं पूरा होता है

जनता को इतना चूँटा
कि टूट गया बूँटा बूँटा
हर बाग हुआ ऐसा खाली
हुई नष्ट भृष्ट छटा निराली
पौधों ने हरियाली खोई
कलियाँ सुबक सुबक कर रोई

भँवरे थक के हार चुके हैं
फूलों के रस सूख चुके हैं
मधू छते रोते रोते
मधूरानी को ढूँढ रहे हैं
बगियन में जब जाओगे तुम
काँटे ही काँटे पाओगे
उनसे अगर नजर हटी तो
सामने तुम नेता पाओगे

इससे पहले एक बाबा (गांधी) था
भूखा नंगा और प्यासा था

तन पर एक लंगोटी जिसके
आँख पर जिसके चश्मा खिसके

उसने सब कुछ हाँ त्याग दिया
पर बगियन को हर प्यार दिया

कैसा सच्चा था वो माली
आज हुआ सब कुछ है खाली

खादी अपनाली नेता ने
लगता है बिल्कुल फिर भी जाली

बूढा माली तो चूक गया
उसके पीछे सब खूट गया

नेता गण ऐसे मंडराये
टिड्डी दल जैसे छा जाये

सूरज की किरणों को रोका
प्रभात की बेला को टोका

अब तो जम कर बैठ गये हैं
छेड़ो तो यूँ ऐंठ गये हैं

वो समाज वाद की राग अलापें
जो न समाजवाद को जानें

कैसा मिथ्यापन है इसमें
या कोई गलती हुई अनजानें

जैसा भी हो नेता हैं वो
    बुरा भी क्या गर ठगते हैं वो

फिर ये तो जन सेवी भाई
    पैर तुम्हारे छूते मांई

सबका दुख, इनका दुख अपना
    सहा नहीं जाता है तड़पना

शक तो बे बुनियादी बातें
    इनको कुछ भी नहीं हड़पना

ये सीधे सीधे आते हैं
    और हाथ जोड़ते जाते हैं

समाजवाद का गीत बना कर
    जोर जोर से गाते हैं

जनता इनके पीछे पीछे
    राग मधुर दोहराते हैं

ज्यादा कुछ जोश हुआ तो फिर
    नारे भी लगवाते हैं

भूखे प्यासे को रोटी का ये
सुलभ प्रतिज्ञा करते हैं
मधु सुरा की रोक थाम में
सबसे आगे आते हैं
वैश्या वृत्ति बन्द करो
खूब तेज चिल्लाते हैं
आश्वासन का प्रश्न उठे तो
कभी न वो शर्माते हैं
कोई कैसी बात करे तो
कभी ना ये घबराते हैं
अपने काम की बात नहीं,
झट से पीछे हट जाते हैं

पैदल चलने का नाम नहीं
लम्बी कारें दौड़ाते हैं
गाड़ी के सीने चीरते
झंडे भी लहराते हैं
अंग रक्षक का काम नहीं
पर साथ उन्हें ले जाते हैं
इक चमचे से काम चले
पर सौ सौ चमचे आते हैं
जनता भूखी प्यासी मरे पर
लाखों खर्च हो जाते हैं
अभिनन्दन ग्रन्थ जब भैंट करो तो
धीरे से मुस्काते हैं
इन बातों का संगम हो तो
वो नेता कहलाते हैं

दूसरा पहलू और निराला
जिसमें चेहरा पूरा काला
लगा है उनके मुँह पे ताला
हम बहिनों (मधू-सुरा) पर डाका डाला
नहीं किसी को ऐसे टाला
रात उतारी हलक में हाला
सेज सुलाई पास में बाला
कहते फिरते सबको साला
गले में पहनी मोटी माला
कहलाते हैं फिर भी लाला
भ्रष्टाचार ने इनको पाला
स्थितियों ने ऐसा ढाला
सच्चाइयों को पूरा गाला
इनके आगे झुके रहो तुम
कहाँ नहीं है बोल बाला।

आराम कहाँ इनको मिलता है
चैन नहीं इनकों दिखता है
देश का भार पड़ा है इन पर
गधा बोझ से दबा रहता है
फिर भी हाँक लगायेगा
आदत से बाज न आयेगा
मार पड़े चाहे कितनी ही
दुलत्ती तो झाड़ेगा।

गधा ही नेता

ये गधे गधेड़े होते हैं
ये बहुत निराले होते हैं
इनकी किस्मों का पता नहीं
ये कई तरह के होते हैं
कई लम्बे कई छोटे
कई ठिगने कई घोटे
ज्यादातर हैं मोटे
पड़ते रहते हैं सोटे
पर घर वापस ना लौटे

गर्दभ राज नाराज न होना
अगर कहूँ में तुमको नेता
मजाक नहीं तुम इसको समझना
तुम ठहरे नेता के नेता
मज़ाक भला में तुमसे करूंगी
तो मैं खुद ही मज़ाक बनूँगी
सच कहती हूँ अच्छा होता
तुम्ही हमारे होते नेता।

कैसे तुम (गधा) सीधे सच्चे हो
जनता के सच्चे सेवक हो
कर्म तुम्हारा जीवन संगी
आराम से कौसों भगते हो

दिन को न दिन जाना तुमने
रात में नहीं देखे सपने
गर्मी सर्दी का असर नहीं
क्या रहते हो एयरकन्डीशन में

छाया नहीं तुमको रोक सकी
धूप नहीं तुमको भगा सकी
अपनी धुन में मस्त रहे तुम
दुनियाँ नहीं तुमको डिगा सकी

सुख से नाता जोड़ा अगर
दुख से समझौता किया मगर
विचलित होने का नाम नहीं
भूले नहीं हरगिज सेवा डगर

मोटा तेरा पेट नहीं
तुझको कोट पसन्द नहीं
थोड़े में चल जाता है
चाहिये तुझको वोट नहीं

चिकनी चुपड़ी से तुझको क्या
तेरी बिल्कुल है सीधी चाह
रूखा सूखा चल जाता है
तूँ भूखा भी रह जाता है

मेहनत मजदूरी और गरीबी
तीनों का है पक्का साथी
कर जायेगा मर जायेगा
बना रहेगा मस्त हाथी

उद्यमी है तूँ संयमी है
नहीं है बिल्कुल भी बेहमी
दुनियाँ का जुर्म सहकर भी तू
बना रहा सब पर रहमी

अश्लील नहीं तेरी हरकत
तूँ करता रहता है कसरत
खुदा तुझ पर है मेहरबान
तूँ भी लगता है पहलवान
चाहे कोई तुझको चाहे
या कोई तुझको दुत्कारे
तूँ सबका है कदरदान

तेरा व्यवहार भी कैसा है
तूँ रखता सबसे रिश्ता है
जब कोई किसी को गाली दे तो
इज्जत सब की रखता है
बाप खुशी में पागल हो या
गुस्से में हो आग बबूला
झट से तुझको याद करे
सौंपे तुझको प्यारा ललूआ

शिष्य गुरू के ओछे झगडे
लगते है नहीं तुझको अच्छे
आपस में जब गाली देते
तुझको बीच बीच में लाते
तूँ पीछे हट जाता है
पर उनके सींग लगाता है

भाई भाई की हालत देखो
    एक दूसरे को पहचाने
गधा कहते हैं आपस में
    अपने पूरखों को सजावें
अफसर नौकर को बुला रहा है
    गधे को पुकार रहा है
नौकर कहता है धीरे से
    गधे की औलाद क्यूँ चिल्ला रहा है

मेरी आँखों ने जो देखा
    थोड़ा भी नहीं उसमें धोखा
जो देखा है वो कहती हूँ
    छोड़ा नहीं मैंने मौका
गधे सयाने हाते हैं
    वो बड़े सुहाने होते हैं
गाली नहीं आती है उनको
    वो इच्छा से चुप रहते हैं
आपस में उनमें प्रेम बहुत
    जो चुप रह कर दर्शाते हैं
एक दूसरे को पाकर
    जीवन भर हर्षाते हैं

तेरे जीवन का मूल रूप
आडम्बर नहीं जिसका स्वरूप

तेरा जीवन हुआ सफल
जैसे तूँ जीता है निष्फल

छल कपट भी तुझसे डरती
वो दूर दूर ही है रहती

जो दूर इन्हें रखना चाहे
ये घेरे उनको है रहती

सहन शीलता की सीमा
अच्छा है कोई तुझसे सीखे

बातें करना है और बात
सबको सहना तुझसे सीखे

सहनशीलता में तूने
हम बहिनों को भी जीता है

काबू नहीं पा सकती हम भी
तेरा सीना ठंडा है

माया ममता का मोह जाल
जिसने सबको जकड़ा है

तूँ उससे भी है मुक्त हुआ
उसने नहीं तुझको पकड़ा है

ऐसा तेरा भाव देख
महा कर्ण घबराता है

जिसने सब कुछ त्याग दिया
फिर भी तुझसे शरमाता है

अनुशासित जीवन अपनाया
थोड़ा है थोड़ा खाया
पेट नहीं काटा औरों का
जिस्मों को नहीं दफनाया
दुनियाँ को है ये गुमान
तुझसे ज्यादा है अकलवान
तूँ चुप रह कर जुत जाता है
दुनियाँ बनती है कोचवान
तूँ धीरे धीरे हँसता है
उपर वाले से कहता है
इनको भी बुद्धि दो भगवान
सबको सुमती दो भगवान
ये कारण है कि दुनियाँ ने
जाना है तुझको बेवकूफ
पर फिर भी तूने दुनियाँ को
प्यार दिया है बहुत खूब

हृदय तेरा इतना विशाल
जलती रहती है एक मशाल
पर जनता उसकी पागल है
जो लेकर घूमे एक टकसाल
नादानों को माफ करे
ये तेरा बड़ा बड़प्पन है
दुनियाँ ऐसा व्यवहार करे
ये दुनियाँ का अल्लड़पन है
हम सब ठहरे मूर्ख निरे
हमारा यह लडकपन है

हर युग में तूँ अवतार हुआ
वेदों का ये सार हुआ
दुनियाँ क्या समझेगी इसको
समझे तो निस्सार हुआ
तूँ अच्छे गुण का जानकार
केवल्यज्ञान का जानकार
तुझमें दीप्त रोशनी जागी
तूँ वेदों का ज्ञानकार

तेरी पवित्र बड़ी है शिक्षा
जाने कब तूनें ली दीक्षा
महावीर बौद्ध का अनुयायी तूँ
गांधी से भी ली है भीक्षा

हे! सत्य अहिंसा के पुजारी
तुझसे निम्न है दुनियाँ सारी
फिर नेता की क्या औकात
नहीं बराबर एक चिनगारी
कहती है मेरी सखी नारी
जाऊँ तुझे पर वारी वारी

आज से मैं ऐलान करूँ ये
    सबसे बड़ी पहचान करूँ ये
नेता को गधा नहीं कहोगे
    नेता का संयम टूटेगा
गधे को नेता सभी कहोगे
    गधा नहीं तुमसे रूठेगा

एक बात की और प्रतिज्ञा
    कर लेते है आज सभी
नहीं तो मुझको चैन नहीं
    और नहीं है मिलना तुमको कभी
आगे से मतभेद न होगा
    बर्ताव हमेशा ऐसा होगा
समान रूप से देखेंगे पर
    गधा थोड़ा सा ऊँचा होगा

सौदागर

समाजवाद के रूप कई
    कहीं हैं नेता गधे कहीं
एक और भी प्राणी है
    जिसको दिखती है सिर्फ बही
कहते इसको व्यापारी है
    ये कहता लाचारी है
जनता की सेवा करता है
    और पाता रहता मेवा है

एक जमाना ऐसा था
    जब ये वर्ग भी अच्छा था
छल कपट तो करता था
    फिर भी थोड़ा डरता था
पहनावा भी सादा था
    रेहवासा भी सीधा था
चन्दन माथे पर घिसता था
    राम नाम भी जपता था
दीन दुखी के लिए हृदय में
    दुख थोड़ा थोड़ा रिसता था

पर आज बने पूरे पाखंडी
    इनमें से कई लगते है शिखंडी

भेष बनाये औरत का
    मर्दो का जाल बिछाते हैं

खाल ओढ़ के सिंह राज की
    हमको रोब दिखाते हैं

हमसे ज्यादा गिरा हुआ है
    मर्दो का ये पेशा

पर हम बहिनों को कहते हैं
    ये पाखंडी रंडी

बजता है इनका जितना ज्यादा और सुहाना ढोल
    पाओगे तुम उतना ही गहरा और भी ज्यादा पोल

कारोबार भी इतना ऊँचा जिसका न कोई मोल
    कुछ भी वस्तु खरीदोगे तो झूठा होगा तोल

और करेंगे हम से सौदा, को काटेंगे पूरा बट्टा
    भार कहीं बढ़ तो न जाये, माल कहीं कम ना हो जाये

इसीलिये कहते हैं हमको, पूरे कपड़े खोल
    इससे अगर इन्कार तुझे हो, तो व्यापारी बोल

ब्रह्मा ने जब सृष्टी की थी
दुनियाँ को जब मूरत दी थी

एक दूसरे के पूरक
दो लिंगों को भी सूरत दी थी

पुर्लिंग पूरा नहीं बन पाया
बना स्त्रिलिंग हम साया

तो काम पूरा हुआ जाकर
दोनों का पौरूष रह पाया

पर फूल कहाँ ऐसे खिलते हैं
काँटे संग संग रहते हैं

दो लिंगों के मध्य सजे
मध्य लिंग भी रहते हैं

व्यापारी का काम दलाली
करता फिरता सबको सलामी

बिचोला गोल माल करे
बनिया मालामाल बने
धंधा तेरा बेइमानी

फटे हाल कृषक

कृषकों ने हल तो जाते थे
बैलों के जोड़े रोते थे
बीजों के बोरे छिटक दिये
पर हाथ में छाले होते थे
अरहट की हट ने हरा दिया
सब खून पसीना बहा दिया
धीरे धीरे खींचा पानी
पर रस्सी ने सब तुड़ा दिया
अरहट की डोली जा डूबी
कृषकों की नैय्या ही डूबी
किया मेघ का इन्तजार
खेतों की फसलें ही सूखी

धरती जितनी भी प्यासी थी
मौसम उतना ही कातिल था
पानी की एक बूँद नहीं
पूरे आकाश में बादल था
शायद पानी ही आ बरसे
कुछ और नहीं तो आशा थी
पर भाग्य कहाँ ऐसे उसके
लिखी उसके तो निराशा थी

उसने छाया को याद किया
दिनकर ने उल्टा समझ लिया

बादल घबरा कर भागे
धूप ने सब कुछ पलट दिया

धरती की छाती फाटी
धोली हुई काली माटी

पड़ी दरारें आर पार
दृश्य बना हल्दी घाटी

फूल गये मुरझा तो क्या
काँटे तक भी तो सूख गये

पाई पाई को रोना क्या
धान के दाने चूक गये

किसान दरिद्र ऐसा होगा
खुद उसने भी न सोचा था

काल नहीं कह के आता
उसने उसका मुँह नोचा था

धरती के आँसू सूख गये
उसका बेटा भूखा सोया

युवती का आँचल सूख गया
उसका बेटा भूखा रोया

गौदान या भूदान

प्रेमचन्द की गाय मरी
होरी का बेटा चलता बना
गौदान नहीं भूदान हुआ
खेतों में जब सूखा पड़ा
होरी अब लगता बुड्ढा था
उसमें जीने की शक्ति कहाँ
उसने भगवान को याद किया
क्यूँ जीने की है शक्ति जवाँ

हे भगवन् तूँ मुझको उठाले
सुनले मेरी देवकी नन्दन
या इन सब को फिर से बसाले
देखा नहीं जाता है क्रुन्दन

ये कैसी है सूनसान
नहीं बचे कहीं खलियान
किसने रोते को छोड़ दिया
मरघट बना पूरा जहान
पशु धन कितना प्यारा था
पर आज गिद्ध ललचाये हैं
सब के जीने का सहारा था
पर आज नहीं बच पाये हैं

कुछ माँ बछड़ों को छोड़ चली
    कुछ बछड़े माँ को छोड़ चले

बीहड़ वन तक तो खाली है
    सब क्यूँ नाता तोड़ चले

जो कुछ भी शेष बचे हैं
    वो जाने को तैयार खड़े

अपने नाती से मिलना है
    पहले से जो छोड़ चले

सूखे से पहले सुखसागर

शाम शाम में कितना फर्क
क्या ये कल का सपना था
मेरे अपनों का साया था
सब कुछ तो मेरा अपना था

गौ धूली का धूल में गायों की रेवड़ होती थी
भवसागर को पार करादे ऐसी खेवट होती थी
प्रियतम के मन में बारबार दुल्हन की आहट होती थी
गृहलक्ष्मी के पूजन में प्रियतम की चाहत होती थी

चूल्हे में जब फूँक फूँक कर आग लगाई जाती थी
घूँघट में भी चेहरे पर तब और ललाई आती थी
लालटेन की नई रोशनी नई शाम ले आती थी
शाम पड़े जब मिले गले तो नई चाह दे जाती थी

गांव की चंचल किशोरियाँ जाती थी, पानी भरने
एक साथ सब सहेलियाँ चन्दन मलने मंगल करने
नदिया थी लम्बी चौड़ी, बहते रहते थे झरने
कलरव का संगीत लिये, छूती जिस्मों को ये कहने

इन किशोरियों को मैंने अमृत से नहाते देखा है
इन राजकुमारियों को मैंने जवान होते भी देखा है
इन जिस्मों की गर्मी से, मुझमें उबाल क्यूँ आता है
इन अधरों की ज्वाला से, मुझमें उफान ही आता है

मेरा बदन बना है हाला खेतों को मुझसे सींचों
जवान हो गई मैं पूरी मुझको तुम कच्ची ना समझो
सरिता नहीं सागर हूँ, मुझमें, वात्सल्य माँ काभरा हुआ
एक लाट में सौ सौ दाने, खेत मुझी से हरा हुआ

दूर खड़ा एक चित्रकार इन दृश्यों को ऐसे खींचे
भोले शंकर की जटा खुली उतरी गंगा माई नीचे
भर घघरिया माटी की सब कन्यायें गाँव चली
चन्दन का बदन भीगी चुनरी वन कन्या हाला सी ढ़ली

रास लीला

कृष्ण कहीं थे आसपास ही, देखा जब गोपी संग राधा
छोड़ी बंशी हल के पूर्जे, चुपके चुपके पीछे भागा
कई बार छुप छुप कर देखा, आज नहीं कोई भी बाधा
बैलों को भी कह कर आये आज बनेगी मेरी राधा

कंकर एक उठाया पैना पर फैंका थोड़ी शक्ति से
पकड़े जाने पर शरमाया, पर बोला पूरी भक्ति से
इतनी बड़ी घघरिया लेकर नदी नहाने जाती हो
हम राहों में रास करें पर साथ नहीं ले जाती हो

सखिया हँस कर ऐसे बोली क्यूँ कृष्ण मुरारी आये हो
जाओ खेलो बंशी के संग, क्यूँ हमें सताने आये हो
आज कहाँ छोड़ी है बंसी, गायें भी सब कहाँ गई
राधा को न प्यार सिखाना, राधा भी अब जवां भई

सखियाँ एक दूसरे को देखे, पर राधा अपने में देखे
फिर लगा ठहाका एक साथ, जब सब मिल राधा को देखे
भीगी राधा चाहे भगना किन्तु भागे कैसे राधा
मेहंदी के हाथों से ढांपे वक्ष सुनहला भोली राधा

सुन ठहाका शरमाई, लाल हुआ पूरा चेहरा
होटों में कंपन फैल गई, गुलाबी गाल हुआ गहरा
घबरा कर उसने हाथों में चाँद सा चेहरा छुपा लिया
एक सहेली आगे आई, झट से बाहू पाश दिया

डरते डरते उपर देखा दो से आँखें चार हुई
दिल ने ये ना जाना था, जाने ये क्या बात हुई
अब तो खेल हुआ ये प्रतिदिन, प्रतिदिन आँखें चार हुई
कृष्ण कन्हैया मिलते ही तो राधा की तो हार हुई

सूने बसेरे

पर आज बसेरे सूने हैं कोयल भी गीत नहीं गाती
जो जीवन गीत सुनाती थी वो कोयल बिलख बिलख रोती
हाय हुआ ये सब कुछ कैसे, सब कुछ तो बर्बाद हुआ
नीड़ों की रातें गुजर गई क्यूँ आज यहाँ शमशान हुआ

होरी मन को कैसे साधे, कैसे मन भी माने उसका
किसने ऐसा अपराध किया जो निरपराध काटे सजा
होरी की सूनी है आँखे, घरवाली की है बुझी हुई
जब याद करे पिछली बातें, दोनों की आहें जवां हुई

कहाँ गई है गौरी कन्या, आते क्यूं नहीं कृष्ण कन्हैया
घघरी अब भी खाली है क्यूं नहीं आने देती मैय्या
गोपा भी घर में घुसे हुए कुंज गलिन भी सुनी है
डर पैठ गया भीतरमन में अवश्य यहाँ कोई खूनी है

कृष्ण कन्हैया की बंशी भी गायों को नहीं बुला सकी।
हल के टूटे फूटे पुर्जे फसलों को नहीं उगा सकी
नदिया बिल्कुल ऐसी सिकुड़ी, धारा उसकी पूरी सूखी
जैसे लावा ढोल दिया, नदिया थी पूरी भूखी।

कौन कहेगा ये नदिया थी, जिसमें हाला बहती थी,
तुम नदिया नहीं सागर हो, जिसको बाला कहती थी
जले हुऐ खेतों को देख वात्सल्य तेरा किधर गया
सब लटों में सौ सौ दानें वादा तूने भूला दिया

कहीं नहीं है कृष्ण कन्हैया, नहीं किसी ने देखी राधा
जाने कैसे सब रूठ गये, सखियों ने तोड़ा नाता
मोहन तुम चुप बैठे हो, क्या अभी नहीं देखा है नजारा
या तेरी कोई चाल निराली, कृष्ण मुरारी अब तूं हारा

घर घर में तूं झांकेगा तो पायेगा सब और सुदामा
नहीं है मुट्ठी भर चावल भी, कहाँ से अर्पण करे सुदामा
बिगड़ी हालत और भी बिगड़ी, नहीं बची अब कोई आशा
एक बूँद पानी ही देदे, नहीं बचेगा तेरा प्यासा

देख ये तेरे अपने हैं तूँ है इन सबका रखवाला
आज हुई है तेरी परीक्षा, बनता था सब से बलवाला
होरी को थोड़ी हिम्मत आयी जब मुस्काया बंशीवाला
बाहें फड़की तेजी से जब याद आया टोपी वाला

होरी की आँखे भर आई, मांगी माफी मनमोहन से
चरणों में माथा जा टेका और दुआ की तनमन से
मैं भूल गया बंशी वाला, टोपी वाला रखवाला है
जो बने फिरे सबका नेता उसने ये भार सम्हाला है

याद दिलाया ठीक मुझे उसको मैं याद दिलाऊँगा
ये उसके अपने वादे थे, मैं उसको ध्यान दिलाउँगा
वैसे भी मेरा साथी था, स्कूल में वो सहपाठी था
वो भूल नही सकता मुझको वो मेरा होता नाती था

जमींदार का जुर्म

पिता वहाँ नौकर थे मेरे, वो जमींदार का बेटा था
वो आता था खूब ठाट से मैं गरीब का बेटा था

मैं पढ़ने में बहुत तेज, मुझको पढ़ना लगता अच्छा
वो पढ़ने में जितना मूर्ख, दिखने में उतना ही अच्छा

पर शिक्षक को मंजूर नहीं था मैं उसके आगे रहता
किस्मत को मंजूर नहीं था कि मैं थोड़ा आगे बढ़ता

एक दिन हुआ कुछ ऐसा एक गुरू था बिल्कुल सच्चा
प्रथम रहा मैं कक्षा में, उसने फाड़ा अपना पर्चा

जमींदार नाराज हुए उसने रोका गुरू का खर्चा
स्कूल निकाला मुझे मिला, खत्म हुई बाकी की शिक्षा

निश्चय कर डाला उस दिन, मैं स्कूल नहीं अब जाऊँगा
पुस्तकें बाँटी बच्चों में, इनको नहीं हाथ लगाऊँगा

और किया था तै मैंने घर बैठे भी नहीं खाऊँगा
जो खेत हमारे बांझ बने, उनमें मैं धान उगाऊँगा

तब निकल पड़ा था हल लेकर, धोती पल्लू रोटी बाँधे
मन में उमंग नई थी उस दिन, दिल ने गीत नये साधे

फिर भूल गया दुनियाँ सारी बस याद रही ममता प्यारी
माँ धरती को सींचा मैंने तो मुस्काई एक एक क्यारी

धान हुआ इतना ज्यादा कि घर के सब भंडार भरे
चारों तरफ बिखेरा लेकिन फिर भी सब खलियान भरे

एक बात छुपी थी मुझसे कि ये खेत थे रहन पड़े
जमींदार का सेवक आया क्यूँ नहीं पूरा लगान लगे

गुस्सा मैं नहीं रोक सका, थोड़ा फिर मैं भी झल्लाया
एक पड़ी थप्पड़ मुँह पर सेवक जोरों से चिल्लाया

क्या तुझको मालूम नहीं, मैं लगान वसूल करने आया
बता तेरे खलियान कहाँ मैं आदमी साथ में ले आया

मैं फटे हाल भागा सीधा, जमींदार के घर पहुँचा
बैठे थे सब चमचे नीचे, वो बैठा था सबसे ऊँचा

हाथ जोड़ बोला मैं उसको प्रभू तुम मुझको माफ करो
अगली फसल हो जाये जब तक लगान मुझसे नहीं वसूल करो

रोम रोम रोया मेरा और रोम रोम मांगी भिक्षा
पर नहीं पसीजा मन उसका मैंने उस दिन पाई शिक्षा

खलियान हुऐ ऐसे खाली बर्बाद हुआ पूरा माली
मुँह पर लेकिन ताला था दे नहीं सकता था गाली

इससे तो यह भी अच्छा था वो होरी को ही ले जाते
धरती का बेटा बिक जाता, बेटे की ममता रह जाती

मन का मोह मिटा उस दिन, मन पूरा ही निर्मोह हुआ
सुख दुख एक समान हुए तो महसूस नहीं बिछोह हुआ

दुख दिल का दूर किया उसने, और भूल गया पिछली बातें
बीजों से पौधे उगा लिये फिर से जागा पूरी रातें

लाटों को पीला जब पाया, होरी अब मन में घबराया
जानें क्या याद हुआ उसको कि चेहरा उसका मुरझाया

फसलें कटने के पहले ही जमींदार के पास गया
    धान तुम्ही आ जाओ लेकर नहीं चाहिये मुझे दया

दम्भी मुस्काया लेकिन फिर भी चोट लगी उसके दिल में
    लज्जा ने सिर को झुका दिया सिर उठा लिया उसने पल में

नाती की नाक

अब तुम खुद ही पहूँचा देना मेरे हिस्से की पांती
जिस दिन भी खुश हूँगा तुझ से, बना लूँगा तुझको नाती

अब तो उमर पकी हुई है बापू से बोलो जाकर
तुझको दुल्हन ले आये और मेरे ले आये चाकर

दुल्हन तेरी सज धज कर जब मेरे सामने आयेगी
पाँव नहीं छूने दूँगा मैं, गले मेरे लग जायेगी

मुँह से मांगा बोल मिलेगा धन्य धन्य हो जायेगी
एक रात की किस्मत में वो सब कुछ तो पा जायेगी

उस दिन तेरा कष्ट मिटेगा, उस दिन होगी दूर गरीबी
उस दिन से तूँ नाती होगा नहीं करेगा कोई वसूली

और अगर देरी की तुमने अपनी दुल्हन लाने में
हम तो शायद पा न सकेंगे चढ़ी रहेगी खाते में

लल्लूआ हमरा दोस्त तुम्हारा, उसके काम तो आयेगी
तुम दोनों शायद है लड़ लो, वह तो खूब निबाहेगी

होरी पहले से भुना हुआ अब तो उसकी सीमा टूटी
बहुत किया था सहन उसे किंतु उसने इज्जत लूटी

वो खेत से सीधा आया था हाथों में उसके हंसी थी
लगा बाज का एक झपट्टा, पंजों में उसकी कंठी थी

फसल काटना बाकी था हंसी बेताब हुई जाती
नाक मिली जब जमींदार की उसने उसको ही काटी

तृप्त हुई ऐसी हंसी जैसे प्रियतम को पाया
झूम उठी, जैसे बंशी ने गीत नया कोई गाया

हंसी थी होरी की दुल्हन जमींदार को प्यार किया
होली के रंगों में डूबी अपने प्रेमी को निहाल किया

लाल रंग में डूब चुकी और लाल रंग में डूबा दिया
लाल रंग से मांग भरी और पतिदेव को भगा दिया

नदिया थी जानी पहचानी, कैसे करती आना कानी
होरी जल आसन कर बैठा चारों और नदिया का पानी

नदिया पार हुई थी बेशक, दूर किनारा छूट गया
बीच भंवर में आज फंसा था, एक सितारा टूट गया

होरी दूर निकल गया था मटिया वर्दी वालों से
दिन निकलते चले गये तो गुज़र गया तहखानों से

भूखा प्यासा और भटकता मिन्नतें करता लोगों से
एक जून की रोटी दे दो काम ले लो चाहे कोड़ों से

ना काम मिला ना धाम मिला, लेकिन एक बदनाम मिला
लूटा खाया, होरी ने कमाया, हाँ शायद हज़ाम मिला

इसी तरह चलता रहता था, एक नहीं सौ मान मिला
चलते चलते ही रूक जाता गर छोटा सा ही काम मिला

कोतहूल नहीं उसको होता अगर कहीं दंगा होता
भीड़ भले ही हो जाती मगर नहीं कोई धंधा होता

स्वाधीनता संग्राम

एक सवेरे लेकिन यह क्या दिलचस्पी क्यों जागी थी
सफेद टोपी खद्दर धारी की भीड़ चली कहाँ आती थी

सब के सब थे बड़े भले सब में पूरा अनुशासन था
एक दूसरे के खातिर इन भाईयों में अपनापन था

राग द्वेष का नाम नहीं यहाँ क्रोध का काम नहीं
लगते थे सबके सब सेवक, बेइमान का नाम नहीं

कुछ के हाथों मे थे झंडे जोर जोर से कहते वंदे
कई एक के पैर थे नंगे, वर्दी वालों के थे डंडे।

लेकिन यह तो पक्का ही था नहीं रुकेंगे बढ़ते पंडे
चाहे कुछ भी हो जाए नहीं करेंगे बंदे दंगे।

गाँधी की आँधी

बीच भीड़ एक बूढा था जो लगता था पूरा न्यारा
जाने उसमें क्या बात हुई, होता था सबका प्यारा

हर कोई उसकी राह देखता हर अभिलाषी पैर चूमता
किन्तु बूढ़ा पीछे हटता वंदे वंदे सबको कहता

लेकिन इससे क्या टल जाते, आगे बढ़ने से रूक जाते
शीश नवा उसके चरणों में, भाव भरे फिर उठ जाते

ना धर्म गुरु ही लगता था ना कर्म गुरु ही बनता था
इससे ही साफ हुआ कि वो प्रथम गुरु ही होता था

बातें उसकी थी बहुत सरल दिल होता था उतना ही तरल
देश प्रेम से ओत प्रोत, ऐसा था देहाती सरल

थोड़े से थे कपड़े तन पर, डंडिया की ऐनक थी मुँह पर
दिल के भाव लपेटे था वो चेहरे के बिखरे तल पर

बेवी पैरों की फटी हुई, चमड़ी अन्दर से कटी हुई
एक पादुका लकड़ी की ऐसे चरणों में पड़ी हुई

मस्तक पे चन्दन तिलक नहीं था
राख की धूनी रमा नहीं था
माला गर्दन में नहीं पड़ी,
भगवे कपड़े का काम नहीं था

एक हाथ में झंडा था और एक हाथ में लकड़ी थी
कोई उसको क्या रोक सके, ऐसी उसमें ही शक्ति थी

जिस और बढ़ चला कदम दिशा भागी उल्टे कदमों से निशा
सूनी राहों में दीप जले ना नृत्य किया खुश हुई उषा

आश्चर्य हुआ सबसे ज्यादा, जब देखा सरकारी प्यादा
चरणों में गिरते गिरते रूका, जाने क्या आई थी बाधा

आँखों में आँसू की बूँदे, पलकें असूअन में क्यूँ डूबी
हाथों से लाटी छिठक गई, जाने क्यूं कमर हुई दूबी

आँखों के आँसू भी पौंछे और लकड़ी को भी उठा लिया
मन का रोना किसने देखा, जिसने रक्षक को झुका दिया

उसकी अपनी मजबूरी थी, जिसने सब कुछ ही भूला दिया
पर आज हुआ जब घाव हरा, उसकी पीड़ा ने रूला दिया

मर्द औरतें बूढ़े बच्चे, चल पड़े, सब के सब पीछे
होरी पीछे रहता कैसे जादुई शक्ति उसको खींचे

उसने अनुभव कुछ नया किया, ये सब कुछ पहली बार हुआ
खाली पेट हुई तृप्ती और शक्ति का संचार हुआ

कुछ ही दूर चले होंगे कि एक नया टिड्डी दल आया
लगा घेरने इन सबको, हथियार सभी कुछ ले आया

कुछ गोरे थे कुछ काले थे ज्यादातर तो बलवाले थे
आये थे लानत लेने को नहीं तो क्यूँ कर आये थे

बुड्ढे के साथ सभी निहत्थे लेकिन थे हिम्मत वाले
बच्चे बूढे तक थमे रहे कैसे थे किस्मत वाले

औरत जात हुई मतवाली जोर जोर से वो भी बोली
जै गांधी हो जै गांधी हो, लगी खेलने नाम से होली

लाठ साब से झड़प हुई जो था तन से गोरा मन से काला
वो बोला रूखा जनता से जै गांधी मत बोलो बाला

नारी समुदाय भड़क उठा, लेकिन मर्यादा के भीतर
नम्र निवेदन करके बोली, क्यूँ आये हो बन के पीत्तर

हम भारत की नारी हैं, सब कुछ स्वाहा कर सकती हैं
अपनी मर्यादा में रह कर, हम हाय हाय कर सकती हैं

तुम गैरों पर राज करो यह तुम्हे नहीं शोभा देता
हम चुपचाप सहें बैठी, यह हमें नहीं गैरत होता

फिर एक साथ जुट के बोली, आयी जैसे पीली आंधी
गौरों तुम छोड़ो भारत को जय हिन्द बना है जै गांधी

भारत देश हमारा है, बोलों सब के सब जै गांधी
हिन्दुस्तान हमारा है, बोलो सब के सब जै गांधी

गोरे को भड़काया इतना गोरे का चेहरा लाल हुआ
गोरे को तड़पाया इतना लाल से चेहरा स्याह हुआ

गोरे ने हुक्म दिया प्यादों को, भक्तों का खून बहा देना
भेद भाव रहने नहीं पाये, अपनी जान बचा लेना

इतना कहना ही काफी था, प्यादों में हलचल शुरू हुई
हथियार सम्हाले गद्दारों ने, भीड़ में खलबल शुरू हुई

हाथों लातों लाठी डंडे जिसने जैसा चाहा मारा
नर, नारी, बूढे, बच्चे जिसको जितना चाहा मारा

लेकिन सब थे ढीठ बने जैसे कुछ भी तो नहीं हुआ
जै गांधी चिल्ला उठते थे, जब भी अत्याचार हुआ

लगे बनाने बंदी ही जब कोई चारा नहीं रहा
होड़ लगी आपस में उनके पहले बंदी कौन हुआ

सबकी थी कोशिश यही लगी वो पहले बंदी बन जाये
देशभक्ति की श्रेणी में नाम उसी का पहले आये

एक भावना और बनी थी, कुछ बंधू पीछे रह जाये
पर तैयार नहीं कोई था वो ही क्यूं पीछे रह जाये

बुड्ढों में तो बिजली दोड़ी, दोड़ दौड़ कर आगे आये
हथकड़ी लगने के पहले ही वो खुद ही बंदी बन जाये

बच्चों की बांदर सेना माँ बाप छोड़कर यूँ भागी
भगवान राम के साथ चली बनने को सच्ची बनवासी

क्या ये ही है भारत की नारी, जो लगती है इतनी प्यारी
मोह त्याग ममता का सारा बनी देश की मतवाली

नारी का रूप निराला था, जिसने देखा मतवाला था
चंडी काली सीता झांसी सबका ही इसमें साया था

एक बात ने किया अचम्भित, बुड्ढा अब भी खुल्ला था
हिन्दू मुस्लिम सच्चे भाई, पास खड़ा एक मुल्ला था

बातों में होरी खोया था, खुद अपने धुन में सोया था
कि एक सिपाही ने आकर, डंडे के सहारे ढोया था

होरी पहले थोड़ा सम्हला, फिर अपने आप से यूँ बोला
जेल लिखी है किस्मत में, चाहे कितना ही बन भोला

लाठी की जब सिर में खाई उसने भी ये कसम उठाई
भोगूंगा अब सब के संग में, बन जाये चाहे जेल लुगाई

जेलों की अमरत्व कहानी, किसने देखी किसने जानी
उनको फिर से याद करूँ तो सचमुच में आ जाये जवानी

हिन्दू मुस्लिम क्या भाई था, हर भारतवासी भाई था
प्राण बना भारत सबका, अंग्रेज बड़ा हरजाई था

जेलों की जाली के पीछे जब एक नई दुनियाँ देखी
देश प्रेम क्या चीज़ निराली, काराग्रह साथी से सीखी

'मैं' किस माँ का बेटा हूँ ये पहली बार जेल में जाना
माँ मेरी गुलाम हो गई, इसको पहले कभी न माना

हम जितने भूखे प्यासे हैं, उससे दुगने हम निर्लज हैं
अपनी भाषा तक भूल चुके बनते रहते हम दिग्गज हैं

कुछ बेटे माँ को पाने को फांसी के फंदे झूल रहे
कुछ बेटे झूठन खाने को अपनी ही माँ को बेच रहे
खुदा ने फिकरा एक कसा, उपर बैठा धीरे से हँसा
कोई मौत से मिले गले, कोई पैरों को चूम रहे
माँ आँसू अपने निगल रही और बेटे माँ को भूल रहे
लेकिन एक निराला बेटा, श्रवण बना था जिसका पेशा
जीवन के सुख दुख सब त्यागे माँ के चरणों में जा लेटा

होरी ने साथी से पूछा, कौन हुआ ये गांधी बाबा
गोरे इतने डरते है जैसे भर देंगे पायजामा

साथी बोला ये गांधी है पर अंगरेजों की आंधी है
इसका परिचय यूं पा लेना, नहीं कोई आसानी है

लेकिन फिर भी कहते हो तो इतना अवश्य बताता हूँ
पहचान सुलभ हो जाये उसकी गुण वो ही बताता हूँ।

गांधी परिचय

बाल बहुत कम, भाल बहुत तेज
मस्तक पे लिखी है काँटों की सेज
किस्मत जुड़ी है देश की इसी की टाट से
सिर झुकेगा नहीं, कट जायेगा बड़े ही ठाट से
स्वराज्य की माला पहनेगा जिस दिन
गर्वोन्नत होगा ये सिर सिर्फ उसी दिन
गढ़े में धंसी आँखे देखती हैं आरपार
सारे मुल्क की लगी है आँखे
इन आँखों पे ही बार बार
इनमें झांक के देखों नहीं मिलेगी हाला
सिर्फ इनमें पाओगे स्वराज्य की ज्वाला
नाक सुन्दर और तीखी किन्तु है लम्बी
देश की भी नाक है इतनी ही लम्बी
फट पड़ता है सिर, परतंत्र की दुर्गंध से
नथूने फड़क उठते हैं, स्वराज्य की सुगन्ध से
श्वास की क्रिया में बस एक ही बात धुली है
हमें स्वराज्य दो
रक्त के प्रवाह में भी एक ही बात मिली है
हमें स्वराज्य दो
ह्दय की धड़कनें भी यही पुकारती हैं
हमें स्वराज्य दो

दो पतले होंट थरथराते
सिर्फ यहीं गुनगुनाते
कभी राम का नाम तो कभी राम का राज
और चाहिये स्वराज
गीत भी यही गाते, हमें स्वराज्य दो
जिव्हा इतनी मधुर इतनी सरल
स्वराज्य से बनी तरल
गौरों! बहुत किया है राज, हमें चाहिये स्वराज्य
हमें स्वराज्य दो

गला है दुबला और पतला
सह लेगा हर एक हमला
कट जाये अगर, तो भी न कोई बात
चाहे बने फंदा गले का हमराज
बनेगा फंदा हार, मिलेगा जब स्वराज्य

कंधे नहीं कमजोर
इनमें है पुरजोर
एक का कंधा नहीं है, देश का कंधा यही है
सीना फौलादी, फौलाद से नहीं विचार से
अहंकार से नहीं, स्वाभिमान से
इसमें दिल धड़कता है, स्वराज के लिए फड़कता है
दिल कोमल तो बहुत है, मजबूत कम नहीं
जिसने देखा उसने जाना
जिसने सुना उसने माना
धड़कन अति गम्भीर है, स्वराज्य ही मंजिल है

भुजा जो एक बार उठ गई है
तो फिर नहीं गिरेगी
जो इसने तै कर लिया है
अब तो वही करेगी
एक भुजा के उठने से सारा देश उठ गया है
तो गोरों का राज भी उठ जायेगा
उसके बाद स्वराज आ जायेगा
घुटनों के सहारे टिका है देश सारा
इन्हीं की बदोलत मिलेगा स्वराज हमारा
घुटने नहीं टिक सकते
हम नहीं डिग सकते
कह दो अब गोरों से कि वो अब चले जायें
उनके घुटने तोड़ दिये जायेंगे, हम स्वराज पायेंगे

पैर करते रहते हैं सैर
माना कि दुबले पतले है
आजमां के देखो तगड़े हैं
स्वराज इनपे खड़ा होगा
स्वराज को गिरने न देगा
कदम हो सकते है नन्हे हों, परन्तु यही तो धन्य हो
एक बार उठे हैं तो वापस नहीं लोटे हैं
इन्हीं कदमों से कदम मिलाया
तो पूरा देश उमड़ आया
गौरों का चलना दुर्भर हो गया
क्यूँ कि इन कदमों में कुछ हो गया
काँटे भी बहुत बिछाये तो उससे क्या रूक जाते
स्वराज्य के कदम हैं कभी नहीं घबराते

स्वराज्य

स्वराज्य की परिभाषा उसने इससे भी सरल बताई
जिस दिन ये पेड़ हँसे
जिस दिन ये फूल खिलें
खेतों को हमी बोयें और हमी सींचे
वसुन्धरा की मीठा फल जिस दिन हमी पायें
उस दिन समझ लेना कि स्वराज्य मिल गया भाई

माँ की बेड़ी टूट जाये
वो बन्धन से छूट जाये
अधरों पर मुस्कान खिले, आँखों से आँसू रूठ जाये
तो ये मान लेना, स्वराज्य की बेला मुस्काई

राजा नहीं रहेगा कोई, भूखा नहीं सोयेगा कोई
रात रात भर जाग जाग कर, आँसू नहीं बहेगा कोई
तो तुम पहचान लेना, स्वराज्य ने ले ली अंगडाई
आकाश के तारे जगमगाते सितारे
धरती पर उतर आये, शहीदों से लिपट जायें
उस क्षण जान लेना स्वराज्य ने बजाई शहनाई

नारी की दुख दर्द कहानी
छूटे पीछे आये जवानी
स्वर्ण कलश सी दमके फिर से
संग रहे माँ दुर्गा भवानी
इस अवसर संतुष्टी पाना स्वराज्य की हो गई सगाई

छूत छात का रोग मिटे
भाई भाई ना फिर झगड़े
जाति पांति का भेद हटे
और देश प्रेम की भूख बढ़े
उस वक्त थोड़ा रूक जाना,
स्वराज्य को दे देना बधाई।

फिर एक दिन ये शुभ दिन आया
बलिदान शहीदों का काम आया
गौरे छोड़ चले भारत को फिर से सूरज मुस्काया
मुश्किल थी आगे की घड़ियां
क्योंकि टूट चुकी थी कड़िया
(देश का विभाजन हो गया)
एक एक कर उन्हें जोड़ना
जिससे फिर बह जाये दरिया

अहिंसा पर हिंसा

सदियों बाद आफताब निकला, सदियों बाद भोर हुई थी
सूरज ने लाली ना खोई, जिससे पहले मौत हुई थी

काली बदली की काली चादर, चारों और फैल चुकी थी
घोर अंधेरा फिर से छाया, अरूणाई उसमें खोई थी

मानवता के एक दुश्मन ने, दानवता को गले लगाया
सारी खुशियां छोड़ छाड़ कर, हिंसा से जा हाथ मिलाया

भूल गया अहसान जमाना, भूल गया संसार पुराना।
पागल की हरकत कर बैठा अपने हाथों खून लगाया।

शायद यह भी दस्तूर बना है, अहिंसा का ही खून हुआ है
हिंसा के पैने पंजों ने दम सज्जनता का घोंट दिया है

इतिहास बना है इसका साक्षी ईसा को किसने दी फांसी
गांधी को क्यूँ गोली दागी क्यूँ इतिहास को दोहराया है
अहिंसा का ही खून हुआ है

उस दिन से अब तक तो हमने हँसते नहीं किसी को देखा
सदियों की लम्बी यात्रा में सूरज को नहीं उगते देखा

नहीं हवा है नहीं रोशनी नहीं कहीं है तूँ दिनकर
चन्दा और सितारे खोये लुटते हुए सभी को देखा

टोपी धारी

तो माथे के बल चलता होरी पहुँच गया दर पे
खड़ा हो गया बाहर ही, टोपी धारी के घर के
अन्दर जाये तो क्यूँ कर बार बार उसका मन झिझके
आँख बचाये संतरी से फिर भी देखे उसको डर के
मन में बहुत निराशा थी, आँखे बांयी जो उसकी फड़के
थोड़ी सी हिम्मत की लेकिन बार बार मन उसका धड़के
मंत्री जी रहते हैं यहाँ, बोला संतरी बंदूक तान के
कुछ घबराया कुछ शरमाया बोला होरी शीश नंवा के
कहना उनका सहपाटी है, हम दोनो साथी बचपन के
होरी मेरा नाम बताना खुद आयेगा चल कर के
बाहों में मुझको भर लेगा खुश होगा अपने तन मन से
संतरी हँस के चला गया शायद कुछ कहने मंत्री से
नहीं लौट के फिर आया होरी ऊँघ रहा दर पे
आँख खुली थी जब उसकी तो रात जवान हुई सिर पे
तारे आकाश से छिटक गये बन जुगनू महलों में चमके
मानव की दुनियाँ थी सोई मंत्री के घर सूरज चमके
चहल पहल इतनी ज्यादा थी जैसे भोर हुई तड़के
बाहर तक इसकी आभा थी भीतर क्या क्या है महके
रात बनी चंचल इतनी कि निशा निपुर बाँध थिरके
बचपन की यादें लौटी, इच्छा हुई भीतर झांके
लुकते छुपते पहुँच गया था जहाँ मंत्री जी बैठे
दिल थामा पौंछी आँखे और बारबार माथा झटके

होरी मुखी

मैं देख रहा मेरा साथी या देखा रहा मोटे मटके
इन्द्र ने सिंहासन छोड़ा या छोड़ दिये सपने सुख के
कुबेर ने धन सौंपा सारा झाड़ दिये सारे पल्ले
वैभवता ने नाच दिखाया, सब कोई नाचे नंगे
शिष्ठाचार ने सिर कटवाया बेशर्मी के हद के आगे।
व्यापारी आये नौकर आये, आये थे अफसर उनके
सबने मंत्री के पाँव छुए, तो मंत्री बोले यूँ उठ के
मैं जनता का सेवक ठहरा, जनता भेजी मुझको चुनके
यह तो मेरी मर्जी है, मैं फर्ज अदा करूं तनके
सब तुरत फुरत ही समझ गये, क्या उनको करना है कैसे
मंत्री प्याला लिये चले, निजी सचिव वहीं पर आ धमके
रूपयों की थेली भैट हुई, सोने के आभूषण चमके
दूरभाष की घंटी बजी तो मंत्री उस पर जा लपके
हलो! जहाज अगर कोई आया है ध्यान रहे उसको नहीं रोके
हलो! माल नहीं उसमे से उतरे जब तक ना कोई टोके
भारत था सोने की चिड़िया फिरंगी चले गये सब लेके
माल अगर आता है वहाँ से तो कोई क्यूँ उसको रोके
फिर एक जगह से बात हुई तो मंत्री उसको यूं बोले
हवाई जहाज के इस यात्री के सामान नहीं कोई खोले
रद्दी तस्वीरें है कचरा है, धब्बे हैं चित्रकारी के
अगर कहीं ये बिकती हों तो दाम मिले बेकारी के

नंगी प्रतिमायें गूँगी है और खंडित हैं इनके चेहरे
जब मोल मिल रहा इनका भी तो नहीं बैठेंगे हम बहरे

अफीम भांग भी बहुत बुरी, इनसे रहना चाहिए बचके
गांजे की गोली गाली तो खाते रहते हैं फिर हिचके

मती हमारी नष्ट हुई क्या जो न रहे हम इनसे बचके
बुद्धि गोरों की भ्रष्ट करेंगे, बेचेंगे हम उन्हें चखा के

फिर ये तो देश के साधन हैं, जिनसे मुद्रा अर्जित करते
अपनी जनता के खातिर ही अपने उपर ही खर्च करते

फिर धीरे धीरे खबरों की बारात बनी उस रात्री में
जाने किन किन की कब्र खुदी खबरों की महारात्री में

अभी अभी संदेशा आया, शत्रु दुनियाँ छोड़ चला
घर बैठे ही राहत पाई, प्रयत्न नहीं बेकार गया

बनता था वो मित्र पुराना, उसने मुझको ही धमकाया
राजनीतिज्ञ बन बैठा समझा, मैं भी जैसे उसकी माया

औरों को भी सबक मिलेगा, मूँछों पे ताव नहीं देगा
औकात नहीं भूलेगा कोई, अल्लाह को प्यारा होगा।

तोड़ फोड़ के समाचार जाने क्यूँ आये बार बार
उपकुलपति के दिन हैं आये छात्र बड़े हैं समझदार

शहर किनारे की बस्ती में झौपड़ियों मे आग लगी है
वोट दिया नहीं जब मुझको तो मुझको क्या बेगार पड़ी है।

हिन्दू मुस्लिम मजहब को भी आग लगाई रात में किसने
कत्ले आम खतम होने पर सुबह चलूँगा मैं रोने

मेरे दिल में आग लगाने सुन्दरियों को अन्दर लाओ
प्यासे अधरों की प्यास बुझाने मधू सुरा भी देते जाओ

रात रंगीली रंग रंगीला नेता बाहों में झूला
सुन्दरियों ने सांग सजाये चहेता बन बैठा दुल्हा
देश विदेशी मदिरा आई सात रंगों में राग सजा कर
अलग अलग तारों ने मिलकर दिल को छेड़ा सेज सजाकर
होश गये मदहोश हुए सब तारे नभ में लगे झूमने
चन्दा बदली से दूर हुआ तो लगी चांदनी चाँद चूमने
भँवरे की उम्र नहीं होती बगियन में देखा है सबने
मधुबन को सब्र नहीं होता, रस रसने लगता है पल में
होरी था काँटा सूख गया क्यूं लगा रह गया डाली में
मधु भंवरे का राग देखकर छुपा रह गया झाड़ी में
किसी पत्र के पत्रकार ने नेताजी को फोन लगाया
पूरी रात 'काम' में गुजरी निजी सचिव का उत्तर आया।
अभी यही मैं खबर छाप दूँ पत्रकार बोला श्रद्धा से
रात हुई मज़हब झगड़ों से नेताजी ने सदमा पाया
होरी थककर बाहर आया होरी डर कर दौड़ा आया
नेता के घर जो कुछ देखा जैसे भयानक सपना आया
अब राह वही लम्बी चलने को चलते चलते मर जाना
नहीं देखना फिर मुड़ कर चाहे कितना ही थक जाना

जयप्रकाश आँदोलन

सूरज ने अगुवाई की तो पीछे क्यूँ रहती अरूणाई
भगारात का घोर अंधेरा दिन में रात बड़ी शरमाई

गुलशन के फूलों की खुशबू लगी तैरने वरूणाई
तरुणों की शक्ति देखी तो होरी में आई तरूणाई

शक्ल एक थी बहुत पुरानी जिसकों मैंने देखा था
मुद्दत बीत गये अब तो तब जयप्रकाश को देखा था

कई बार हम संग रहे और कई बार हम संग जागे
जेलों की चार दिवारी से कई बार हम संग भागे

तब भी ये बदनाम हुआ, जब जब इसने कुछ काम किया
गांधी ने समझा इसको तो फिर ये निष्ठावान हुआ

गांधी के पद चिन्हों का पूरा इसने सत्कार किया
बाकी सब तो अलग हटे, इसने नहीं परित्याग किया

गांधी छूटा बाबा पाया भूदान बना इसका साया
डाकू तक ने सम्मान किया जो समझ गये इसकी माया

सर्वोदय से ज्ञान बढ़ाया सर्वोदय का मान बढ़ाया
सर्वोदय के खातिर ही फिर सर्वोदय से जा टकराया

नवयुवकों की शक्ति ने जब आँच नई पाई दिल में
तो अपनी शक्ति पहचानी और कूद पड़े रण स्थल में

हुँकार उठे शिक्षा धारी फूंकार उठे विद्या धारी
अब भी हम तुम ना सम्हले तो फिर प्रलय बनेगा महामारी

वर्तमान युद्ध

आजादी की कई लड़ाई लड़नी है अब भी बाकी
अब अपने आप से लड़नी है यह है एक जिसकी झांकी
जो लड़ते लड़ते टूट गये वो अपने आप से रूठ गये
आज़ादी नहीं मिली उनको चाहे जेलों से छूट गये

राजनीति ने ऐसा पाटा सब कुछ किया यहाँ सपाटा
जनता पूरी कंगाल हुई कि ऐसा मारा एक झपाटा
अरे भारत वासी अब तो सम्हलो भारत माँ की लाज बचाने
रोटी रोटी मोहताज हुए तुमको पड़ते हैं चने चबाने

पानी की प्यास बनी रहती है फिर भी आस नहीं जाती
बूँद बूँद पानी के खातिर चाहे सांस निकल जाती
धरती ने तुमको मान दिया, तुमने उसका अपमान किया
तुम सींच नहीं पाये उसको, क्या तुमने ये बलिदान किया

लोकतंत्र

जनता की हालत है ऐसी यूँ ही बेकार पड़ी रहती
लोकतंत्र का बलात्कार यूँ ही चुपचाप पड़ी सहती
जनता का ये लोकतंत्र पैसों के बल पे चलता है
बोली जिसकी होती ज़्यादा वो उसके हक में बिकता है

लोकतंत्र का पावन मंदिर वैश्या का दरबार बना है
हर सांझ नई बोली लगती, हर रात नया एक दुल्हा है
ये बाज बने नेता फिरते अपनी टोली के संग चलते
खूनी पंजों नाखूनों से, जनता को नोचे रहते

सेहत या कंकाल

फुटपाथ पड़े सोते रहना, एक घर का ख्वाब नहीं होना
धरती कब तक बिस्तर देगी, कब तक अम्बर है ओढ़ना
सूखी सांसे रूखी बातें ये भारत का बचपन कैसा
गहरी आहें भूखी आंतें ये जनता का बचपन कैसा

सूनी बाहें खूनी आँखें हम सबकी जवानी का पेशा
भूखे नंगे लम्बी राहें कब तक ये चलेगा यूँ ऐसा
धनी समझते हम जिनको माना तुलनात्मक धनी बने
माना लक्ष्मी है मेहरबान वैसे वो भी हैं भूख मरे

साधारण जनता का स्तर पास नहीं किसी के बिस्तर
कपास बहुत होता है लेकिन कपड़ा बाहर जाता बेहतर
नर कंकाल चला करते हैं सोते सोते जग पड़ते हैं
देश की ऐसी हालत में भी हम अभियान किया करते हैं
निगाह उठाकर देखो अपनी बाहर के जन स्तर पर भी
धनी लगेंगे कुत्ते उनके कुत्तों के कुत्ते हम भी।

महंगाई इतनी बढ़ी हुई कि सांसे सब की चढ़ी हुई है
ये आंदोलन प्रतिदिन होगें, पेट में जब तक भूख लगी है
कागज की शिक्षा बहुत हुई जीवन की शिक्षा नहीं मिली
नपुसंक हुए पढ़ लिख कर के शिक्षा से दीक्षा नहीं मिली

नेता ने नैतिक खोया है जनता ने खोई है शक्ति
पथ भ्रष्ठ हुए दोनों मिलकर आपस में शुरु हुई भक्ति
वो इसकी पूजा करता, वो उसकी पूजा करता है
कोई हाथ जोड़ता है पहले, कोई बाद में जोड़ा करता है।

ना चुनाव ना चयन

चुनाव चयन को कहते हैं, पर ये व्यसन हुआ सबका
नेता जनता की साज़िश में, सत्यनाश हुआ कब का
चुनाव जाति पे होते हैं, जनता भ्रांति में सोती है और
एक बार की गलती से फिर पाँच साल तक रोती है
आपत्तकाल का प्रवधान गर इसी बीच खुल जाता है
फिर संविधान की यह धारा सदियों तक बहती रहती है

आँख खोल कर भारत वासी सपनों से तोड़ो नाता
रात अंधेरी बीत गई है, दिन में तो जागो भ्राता
नई क्रांति का न्योता आया, क्या ठुकराना अच्छा होगा
इस हालत में जिन्दा रहना क्या हमको शोभा देगा
हिंसा की भूख नहीं हमको हथियार अहिंसा ही होगा
सत्य शांति ही सीमा है, क्रांति का रंग धोला होगा

खीज़

होरी मन से खीज उठा पलकों से मोती टपक पड़े
बुड्ढे तुम चाहो कितना ही नहीं बिल्कुल नहीं ऐसा होगा
तूँ ख्वाब छोड़ दे उस भारत का जिसमें सब इंसान लगे
सत्य अहिंसा छाई हो हर दिल में भगवान बसे

राजनीति का चक्र चलाकर पाप को पुण्य बता तूं भी
जो कोई भी राम बचे हों, उनको भी रावण कर दे
जनता को भूखा रहने दो, भूखे प्यासे ही मरने दो
नंगे जब धरती पर आये तो नंगे उनको जीने दो
अशिक्षित भारतवासी अपने में मस्त बने रहते
शिक्षा की आग लगाई तो फिर चैन नहीं लेने देंगे

मानव जाति के हितकारी क्यूँ जातिवाद से लड़ता है
वेदों ने जिसको मान दिया तो क्यूँ तूँ उससे अड़ता है
राजनीति के दलदल में पंकज (नेता) इतने हैं खिले हुए
भ्रष्टाचार ही जीवन है फिर भी दलदल से उठे हुए
क्या यह तेरी अभिलाषा है, दल राजनीति के घट जायें
गणतंत्र चलाये मंत्र सही नेता जनता में बंट जायें

बेरोजगारी की विकट समस्या तुझको ध्यान नहीं आयी
यह रातों रात बढ़ेगी फिर तो नेता ही यदि छंट जायें

नेता एक संस्था है, आसीन कई हैं पदाधिकारी
आसमान में जितने तारे प्रशंसक उतने ही नरनारी

शोषण समाज का एक अंग है, जिसका भंग नहीं होगा
तूँ राजनीति से पोषण कर वरना तेरा शोषण होगा

धर्म या अधर्म

स्वतंत्र हुआ था भारत जब, दफन हुए कुछ किस्से तब
आज उखाड़े गये है मुर्दे, मंदिर मस्जिद में आग लगी अब
हिन्दू भूला वो हिन्दू था, मुल्ला भूला वो था मुल्ला
कुछ सदियां ऐसी बीत गई, ना मजहब का था झो हल्ला
कुछ अमन चैन था भारत में, धर्मो में था धर्म भाव
मरहम पट्टी का असर हुआ और धीरे धीरे सूखे घाव

सत्ता की लोलुपता जागी तो धर्मो को भड़काया है
संयमी नेता हट गये पीछे अधर्मी आगे आया है
देश पर कोई करे आक्रमण बाहर से नहीं ऐसा खतरा
वतन के भीतर घात लगी है, बह रहा सब और खून का कतरा
सहमी सहमी सभी निगाहें, माँ बहिनों की सिसकती आहें
जात जात में हुआ है झगड़ा, धर्मो को भी अब है खतरा

ना मंदिर में है राम बचा, ना मस्जिद में है बचा खुदा
हिन्दू मुस्लिम थे भाई भाई, अब तो केवल हैवान बचा
कोई वोट मिलेगा मस्जिद को तो, कोई मिलेगा मंदिर को
वतन की चिंता नहीं किसी को, हर वोट मिलेगा दरिंदे को

कोख

सब कोई तो ये जानते हैं, जन्म हाथ में न मरण हाथ में
धर्म जाति को क्या लेना, पुन्य हाथ में न पाप हाथ में
कौन बनेगी माँ किसकी, और कौन बनेगा पूज्य पिता
कौख मिलेगी हिन्दू की, या मुसलमान होगा बेटा
लहू पर जात नहीं होगी, नहीं धर्म का नाम खुदा होगा
लाल रंग हर लहू का होगा, होगा इस देश की माटी का बेटा

जन्म के साथ सिखा देंगे, तूँ मुस्लिम है या है हिन्दू
सारी उम्र सिखायेंगे तूँ राजनीति का बन उल्लू
देश प्रेम की शिक्षा देकर होने नहीं देंगे कभी शहीद
मरने तक ना बतायेंगे तूँ केवल था देश का एक बिन्दू

राम ही रहीम

हिन्दू मुस्लिम सिख ईसाई सब धर्मों ने बात बताई
पूर्व जन्म था, पुनर जन्म हैं, फिर धर्मों की कैसी लड़ाई
जो राम बना था पूर्व जन्म में, वो रहीम बन गया इस जीवन में
जो था मुस्लिम उस योनी में, बना है हिन्दू इस जीवन में

ये धर्मों की है नही लड़ाई, राजनीति का खेल है सारा
हिन्दू मुस्लिम को लड़ा लड़ा कर नेताओं ने वोट है मारा
धर्म के नेता सत्ता के लोभी देश को आग लगा देंगे
धर्म गुरु ना सम्हले तो फिर खूं में ज़हर मिला देंगे
पहले भी हम भुगत चुके हैं, देश के टूकड़े देख चुके हैं
मातृ भूमि की ममता जानो, नेता सबको बेच चुके हैं

जनता को मूर्ख बनाया क्यूं, सत्ता को भ्रष्ट बनाया क्यूँ
देश वासियों के अरमां थे आघात उन्हें पहुंचाया क्यूं
इस सबका है यह मुआवजा इनको सत्ता से दूर करो
भारत माँ के चरणों में फिर एक बार बलिदान करो
जनता एकत्रित हो जाओ मिल जुल कर इतना गुँथ जाओ
भेद भाव को भूल भालकर इतने संयमित हो जाओ
सत्ता जनता में नीहित हो, जनता भारत की कर्णधार
राजनीति में जितने दल हैं, सबका अंतिम हो संस्कार

नारी संवाद (बाला मुखी)

चपला ने अब धीरज खोया जब आधी बीत गई रजनी
मदिरा को धीरे से बोली अब बाहर चलते है सजनी
तेरे भावों का अन्त नहीं, मैं तेरे सुर की कायल हूँ
तूं नृत्य करे जब मस्ती में, मैं तेरे पग की पायल हूँ

आभास मिला अब मुझको भी, नाजुक कितना है दिल तेरा
सागर में लहरे उठती हैं, जैसे दुखने तुझको घेरा
मन की पीड़ा में पलती है, तन की पीड़ा से झुलसी है
तूँ जितना भी सुलझाती है, बातें उतनी ही उलझी है
तूँ गम में है इतना खोई जितना मैं अब तक ना रोई
ऐ! पाक ख्यालों की रानी तुझकों न समझा है कोई

सुनते हैं जो पीते हैं वो बुद्धि नष्ट कर देते हैं
पर आज कहूँ मैं दावे से वो तुझे भ्रष्ट कर देते हैं
तेरा यदि सोपान करे तो पूरे जग में राज करे
तुझको यदि नाराज करे सारी खुशियाँ बर्बाद करे
मैं सोच नहीं सकती कैसे, कोई तुझ बिन जी सकता है
पहलू में तेरे सोये बिना, कैसे कोई सो सकता है

मैं सच कहती हूँ सुन सुरा, सुनाती है तूँ खूब खरा
हम सब की अगुवाई कर बन जाये भारत खूब हरा

कोई चित्ता हो सेको रोटी औरों से यह कहती है
अपनी अपनी मंजिल साधो उपदेश दिया यह करती है

देश प्रेम की अगन छोड़ कर खुद का तुम कल्याण करो
जो बलिदान हुए अब तक उनकी माताएँ रोती हैं
जिसने भी देश का सोचा है वह गद्दार हुआ साबित
मातृ प्रेम से विह्वल हुआ, उससे ही ममता रूठी है
जो सेंध लगा कर जिन्दा हैं, उनसे दुनिया ही डरती है
सर्वोदय पागल पन है तूं ऐसा सब से कहती है
तूँ घाट घाट पर घूम घूम कर अनुभव से ऐसा कहती है
दिल तेरा इतना रोया है तूँ सुबक सुबक कर सहती है
तेरे तरल बदन पर जाने रूँ से ज्यादा जख्म हुए
खून पिलाती फिरती सबको फिर भी न कोई तृप्त हुए

तूँ इस विचार से आई थी कि सबको राह दिखायेगी
सोई भारत की जनता में तूँ फिर से चाह जगायेगी
कितना उज्जवल इतिहास रहा, भारत देश महान रहा
परम्परायें इस धरती की सबको याद दिलायेगी
माटी के कण कण में सोना कली कली में प्यार भरा
खेतों की फसलों में जाकर सबको प्यार सिखायेगी
दूध दही के झरने होंगे सागर पर मक्खन तैरेगा
भूखी प्यासी जनता की तूँ इनसे प्यास मिटायेगी

रक्त शिराओं के बहाव में तेरा इतना हिस्सा होगा
दिल में धड़कन होगी तुझ से प्राणों में खूब समायेगी
औरो ने पी पी कर तुझको अपने सपने साकार किये
तेरे अपने जो सपने थे वो सब के सब बर्बाद किये
तुमने सब का उत्तम चाहा, तुमने चाहा सब ज्ञानी हो
अज्ञान नहीं जब दूर हुआ तुमने पाया मनमानी हो

सखी मुझे अब भी आशा है दुनिया तुझको समझेगी
आँख खुलेगी जब सबकी तो मन ही मन पछतायेगी
यह दुर्भाग्य नहीं है तेरा क्यूँ अफसोस मनाती है
है सभी अभागे हम जैसे हम ही क्यूं पछताती हैं
तुमने कर्त्तव्य निभाया है, तुमने आभास दिलाया है
देश प्रेम की गंगा में सारे तरूणों को बहाया है
तुमने जितने ही काम किये मानव जीवन में प्राण दिये
इतिहास बनेगा उस सबका तुमने जितने उपकार किये

तड़प

बाहर जितने भी बैठे है तेरे दर्शन के प्यासे हैं
उन पर भी उपकार करो वो श्वास थाम कर बैठे हैं
घर उनके भी बीबी होगी बच्चों को सहलाती होगी
चन्दा पूनम का है तो क्या वो ओर व्यथित रोती होगी
भर्ता उनके बैठे हैं यहाँ जैसे पूनम का चाँद जंवा
तारापति जाने खोये कहाँ, वो तारों से कहती होगी

चन्द्र मरीची है आंगन में तमसा तुम हो कितनी कमसिन
आधी बीत गई है रैना, नहीं कोई मेरे जैसी अभागिन
मैं आँगन छोड़ नहीं सकती मैं साजन ढूँढ नहीं सकती
तुम घर घर के आँगन में फैली, दर दर पे जा सकती हो
मैं ठहरी अबला नारी कोमुदी ओढ़ी तूं विभावरी
जानती हूँ मैं ही हारी तूं क्षमा नाथ से सिमटी हो
तारों को मुझसे हमदर्दी लेकिन स्वामी है बेदर्दी
जब तक तुम में सरगर्मी है स्वामी को समझा सकती हो

आज नहीं कुछ भी खाया मैं अपने प्रियतम की साया
क्यूँ प्रियतम मुझ से रूठ गये क्यूँ तुम भी मुझसे रूठी हो
तेरे आँचल में तारे हैं वो मुझको दिल से प्यारे हैं
वो होते हैं सब से न्यारे, तुम इसीलिये ईर्ष्यालू हो

बदली चन्दा पर आई है, सौतन प्रियतम पर छाई है
मुसीबत आई है मुझ पे केवल तुम्ही दयालू हो
वो भटक गये है राहों में, बाहों में या चौबारों में
मैं सिहर गई अपने आंगन में, ज्योत्सना राह दिखाती हो
भटके राही को राह दिखाना, प्रियतम को घर वापस लाना
रात्री तुम लम्बी हो जाना, वो इन्दू से कहती होगी
रात्रि के लम्बे साये में तड़प तड़प सहती होगी
मुझको इसका अनुभव है, रमणी बोली वारूणी से
दिल में आग लगी हो तो आंसू बहते करूणाई से

संवरे बालों की सुन्दरता पल में खतम हुई जाती
बालों के उलझे गेसू को नागिन याद नहीं रहती
तेल फुलेलों की खुशबू गेसू से गायब क्यूं होती
चन्द्रकार जुल्फों के भीतर रात स्याह रह जाती
काली चोटी है गुंथी हुई, नारी की व्यथा मिटाने को
उलझे बालों की सुलझी कथा, फंदा गला सजाने को
बेणी में जो फूल सजे थे उनसे पत्नि यूं बोली
तुमने साजन को बहकाया मैं ठहरी कितनी भोली

भंवरा बन साजन झूम रहा कलियों की मस्त अदाओं पर
रस फूलों का तो चूंस रहा पुष्पों के राग परागों पर
पहली तूँने जब बूँद उडेली अपने रस की एक पहेली
साजन मदिरा पहिचान गया पाई अमृत की सखी सहेली

आखें तुम भी निष्ठुर निकली जो अब तक भी हो सजी हुई
सब देख लिया अपनी आँखों से फिर भी क्यूँ हो लगी हुई

तुम सुन्दर हो चंचल भी हो लगती अब भी कंचन सी हो
आकार अभी भी है वैसा फिर भी जीने में अड़चन हो

तीर चलाना सीखा है मेरे साजन ने तुमसे ही
तुम घाव नहीं कर पाती हो मेरे साजन है वैसे ही

आँखों में समन्दर रहता था, अब बार बार ही बहता है
साजन इनमें ही रहता था, अब सावन बहता रहता है

काजल लगता था कई बार प्रियतम हँसता हर एक बार
ये करामात है काजल की आँखे रोती है बार बार

पलके उठती वो उठता था, पलके झुकती वो झकता था
कोमल पलकों के पंखों पर मनमोहन सोता रहता था

अब पलकें हरदम उठी हुई, इन्तजार में झुकी नहीं
मन मन की एक एक पलकें जब नयनों में निंदिया ही नहीं

पलकों के नीचे दुनियां थी, मेरे साजन की बगिया थी
अब आग लगी इस दुनियाँ में जिसमें बगियन की कलियां थी

अभिलाषा

आँखों की अभिलाषा है, साजन आँखों में बस जाये
जिस्म जले चाहे रातों में या काया नष्ट ही हो जाये
ऐसी सूरत में नयनों को काया से पृथक करा लेना
साजन की सजनी जो भी हो आँखे उसको ही दे देना
आँखे साजन को देखेगी पैगाम मुझे मिल जायेगा
गर फिर से जन्म लिया मैंने, अरमान मेरा मिट जायेगा

कानों से लटके बूँदों ने अंगूरों की बात बताई
छूआ जब भी मोहन ने मदीरा की सौगात सिखाई
सुहागरात को नथ पहने पत्नि जब शैय्या पर आई
स्वामी ने छेड़ा पत्नि को पत्नि बैठे ही सकुचाई
जवान रात के साथ रस्मों को पूरा करना था
साजन ने नथ को ललकारा, सजनी मन ही मन मुस्काई
सजनी ने पाया जो चाहा साजन ने मांगा वो पाया
नथ दूर गिरा, दोनों खोये दोनों की किस्मत मुस्काई

पहली रात्री ने साजन को इतना सब कुछ यूं सिखा दिया
साजन सजनी को भूल गया, नथ के चक्कर में फंसा दिया
अब रोज नये नथ पाने को साजन भटका मधुशाला में
नथ ने नारी को हरा दिया नारी पहुँची मधुशाला में

श्रृंगार बना मेरा दुश्मन जिसने साजन को सिखलाया
 नारी एक चंचल प्राणी है जिसने तेरा दिल बहलाया
श्वासों की सरगम से सीखा, जवां रात क्या होती है
 रात गये जब दिन बीते नारी क्या खो देती है
श्वासों का संगीत पुराना रातों में लगता है अच्छा
 पर नये श्वास की राग नई आनन्द नया देती बरखा

विषाद

नई श्वास की राग नई सुनने साजन आ जाता है
सजनी का संगीत पुराना विषाद राग बन जाता है
सजनी रोये उन श्वासों को जिनमें से राग निकलती थी
सजनी कोसे उस खुश्बू को जिसमे मदिरा घुली होती थी

ध्यान अधर का जब आया पत्नि इतनी गमगीन हुई
काटा अधरों को दांतों से आँखों से बरखा शुरु हुई
बोली, फूलों की पंखुड़ियां, तुमने कितना नुकसान किया
रस अपना ही खोकर तुमने, क्यूं इतना बड़ा उपकार किया
तुम रंगों की महारानी थी, कोमलता की पटरानी थी
तुमने सब कुछ क्यूं हार दिया, क्यूं इतना बड़ा उपहार दिया

साजन इतना नासमझी था, उसने समझा कमजोरी है
अधरों के रस का पान किया समझा मदिरा हम जोली है
साजन प्यासा सजनी साकी, अधरों की बनी सुराही है
जब तक चाहा मधुपान किया, अच्छे पुण्यों की कमाई है

दर्पण को दूर किया उसने या खुद ही उससे दूर हुई
दर्पण के कारण ही अब तक पत्नि इतनी मजबूर हुई
जब जब भी दर्पण को देखा, दर्पण ने उसको प्यार दिया
सजनी जागी पूरी रातें फिर भी सोलह श्रंगार किया

दर्पण भी सीधा सच्चा था जैसा पत्नि करती करता
पत्नि मरती जब एक बार, वो बार बार उस पर मरता
इससे पत्नि ने यूँ समझा साजन भी उस पर है मरता
पत्नि जितना श्रंगार करे साजन तब उतना ही डरता
दर्पण की शै ने मारा है वरना श्रंगार नहीं करती
वैसे भी रूप दिया मुझको, भला अहंकार मैं क्यूं करती
दर्पण ने सब कुछ झूठलाया, मेरे साजन को फुसलाया
पत्नि के अश्कों पर दर्पण, है धीरे धीरे मुस्काया

अब ठगने लगा है साजन को, जो इसका इजहार करे
दर्पण ही कारण है शायद, साजन सौतन से प्यार करे
दर्पण के सम्मुख अब पत्नि, धीरे से ललकार उठी
तूने तो अब तक बहकाया, पर आज तुम्हारी श्वास छूटी

अब आज देखले सुन्दरता मेरी असली, तेरी नकली
सौतन के रूप कई होंगे मैं तो अब भी हूँ गृहलक्ष्मी
फिर एक रात सपना देखा, देखा साजन को बाहों में
खुद की बाँहे खाली देखी साजन गैरों की बाहों में

निंदिया टूटी सपना टूटा, टूटा पत्नि का मन मन्दिर
मन प्रतिमा को खंडित पाया, पाया खुद को था उलझन में
तब से साजन एक पक्षी है, छोड़ घौंसला उड़ता है
बरखा में नरभक्षी है कहीं और चहकता फिरता है

लेकिन फिर कहती है पत्नि मैंने सबको है दोष दिया
ये मेरी अपनी गलती थी कि साजन को मदहोश किया

तब मैंने इतना प्यार किया कि साजन बेपरवाह हुआ
सौतन ने आँख लड़ाई तो वो मुझसे लापरवाह हुआ

हेरफेर

भाग्य मेरे अच्छे होते तो मैं ही क्यूं होती सजनी
सजनी साजन हो सकती थी साजन हो सकते थे सजनी
मैं अपने दिल की कहती हूँ तब भी ना बनती आवारा
सजनी को श्वासों पर रखती चाहे मिल जाता जहाँ सारा

अब उपर वाले से कहती, मैं हाथ जोड़ करती विनती
तूँ एक बात मेरी सुनले, अब करना वही जो में कहती
तूँ चाहता है संसार चले, साजन सजनी में प्रेम बढ़े
सजनी साजन की बनी रहे तो साजन रस्ते चला करे

तूँ जिसको भी चाहता भगवन् कर्त्तव्य पति का वो करले
उस प्राणी को दे एक जन्म जिसमें पहले पत्नि रह ले
इससे लाभ गजब होगा पत्नि के दुख वह समझेगा
बनके साजन वो ही प्राणी सजनी को खूब सजायेगा

तब नहीं रहेंगे ये झगड़े और नही रहेगी मधुशाला
मदिरा मन्दिर में नाचेगी तब पवित्र बनेगी मधुशाला
स्वर्ग यहीं होगा धरती पर यहीं सवेरा भी होगा
मधुशाला में देव बसेंगे अमृत का झरना होगा
दिशायें चारों नाच उठेगी घर घर में वन्दन होगा
बरखा ऐसे झूमेगी हर जंगल में चन्दन होगा

इतना कहकर नारी ने मदिरा को संकेत किया
मैं खुद भी बातों में उलझी और तुमकों भी गुमराह किया

सुरा सांत्वना

मदिरा जो अब तक बैठी थी, थोड़ा सुस्ताया लेटी थी
नारी का पैगाम सुना तो हंस कर उठके बैठी थी
बोली माना मैं मदिरा हूँ, मुझको इतना अहसास नहीं
फिर भी दावे से कहती हूँ, नारी तुझमें शैतान नहीं

तेरा अपना है रूप निराला चाहे जितने पीले प्याले
तूँ नदिया का बहता पानी, मिलते रहते हैं कई नाले
तेरे इस जिस्म का आलम है लिपटे रहते हैं गोरे काले
जैसे चन्दन के हैं लिपटे नाग भुजंग बड़े जहरीले
चंदन पर जहर नहीं चढ़ता तेरे पर रंग नहीं लगता
चन्दन में खुशबू कायम है तेरा भी रूप नहीं ढलता

दाये बाँये भी काँटे हैं, उपर नीचे भी काँटे हैं
लेकिन नारी तूँ है गुलाब जो काँटों में भी खिलते हैं
गर दिन में भी तुझको देखा लगता है सरसों ही फूली
शीत पवन के झोकों में उपर नीचे डाली झूली
संगीत सुरीला बनता है जब नारी से वाणी निकले
नारी सोने की लगती है, फूलों सा बदन किरणें चूमें

कहते है कस्तूरी होती हिरण के नाभि में सोती
हैरान है हिरण खुशबू से कस्तूरी नहीं उसको मिलती

यही हाल है नारी का इसका उसको है भान नहीं
तूँ सुन्दरता की है जननी फिर भी तुझको अभिमान नहीं
फूल नहीं ऐसे खिलता, जिसमें ना तुम भी खिलती हो
हर खूशबू में हो छूपी हुई केवल तुम्ही महकती हो
पवन जो आ जाये टकरा कर, छू कर शीतल कर देती हो
वो मन मंदिर पावन होगा, सावन बन जहाँ छलकती हो

बूँद ओस की बनते देखा, फूलों पर जमते भी देखा
उसी तरह नारी को हमने निश्छल होकर हँसते देखा
नारी उतनी ही निर्मल है, और बनी बूँद सी कोमल है
नाजुक भी इतनी है नारी, जैसे पौधों की कोंपल है

उसी ओस की यह महिमा नारी की आँखों में छाई
जब बूंद बूंद बनकर टपकी तो रोती है गंगा माई।
आँखों के आँसू बन बादल, छा जाये जब भी मधु अंगना
सावन बन बरखा बरसी है, धरती ने उगला है सोना
कली कली मदहोश हुई, फूलों ने सीखा है हँसना
भटके हुए राही घर लौटे, साजन घर आई मधु अंगना।

(खंड - 2)

काव्य-कामिनी

हाला बाला

लब तेरे छू कर देख लिये, अब मदिरा छू कर क्या करना
मदीरा लब तेरे छू ले अगर, तो वो भी सीख जाये जीना।

वो क्या तृप्त करायेगी, जिसने खुद प्यास नहीं देखी
तुम मदीरा से मतवाली हो, तुम खुद भी हो थोड़ा प्यासी

मेरे अधरों पर ज्वाला है, तूँ मेरे मन की हाला है
खुद अपने लब की बात सुनो और बन जाओ मेरा साकी।

मदीरा में इतना तेज कहाँ कि वो बन जाये खुद बाला
तुम मेरे मन की मदिरा हो, रातों में मेरी हो हाला

माना मदिरा मतवाली है, माना की शोख हुई हाला
अंखियन में तेरे वो लाली, जिससे तूँ शोख हुई बाला।

मदिरा पीऊँगा एक बार, तो और लगेगी होंटो से
तुम एक बार लग जाओगी, तो ना छूटोगी होंटों से

तुम मदीरा भी, मादकता भी, तुम प्याला हो साकी भी तुम
तुम मेरे दिल की हो शबनम, घर को भर दोगी फूलों से।

लब को छू लेगी मदिरा तो, तन को सुख मिल जायेगा
उस हालत में हो सकता है, मन झूम झूम कर गायेगा

तब भी तुझको पाने के लिए, दिल मदिरा से कहलायेगा
हाला बाला में भेद बहुत, मन तुम से ही छू पायेगा।

जब तक मैं मदिरा पीऊँगा, मैं मदिरा का हो जाऊँगा
जब तक वो नाच नचायेगी, मैं उसके सुर में गाऊँगा

जिस क्षण भी तुमने थाम लिया, मैं तेरा हो थम जाऊँगा
तब जोश में होश गंवा करके, तेरे लब से लग जाऊँगा।

मदिरा ने मेरी अंगुली को, पकड़ा है खुद के हाथों में
मैं भी अब उनका कायल हूँ, पकड़ा है जिनके हाथों ने

लेकिन मदिरा को मालूम है, मैं तेरा ज्यादा कायल हूँ
मैं झूम उठूँगा बिन पीयें, तूँ भरले अपनी बाहों में।

दो दिन का ही जीवन है तो, मैं पीते पीते जीऊँगा
इतना पीऊँ इतना पीऊँ, पीते पीते मर जाऊँगा

घड़ी आखिरी आने पर भी, ध्यान तेरा इतना होगा
कि लब पे नाम तेरा होगा, और लब पे जाम तेरा होगा।

खाली था जो अब तक जीवन, उसको तूँ भर दे बाला
तूँ आज पिलादे मुझको इतनी तेरे नयनों की हाला

मंत्र फूँक दे सासों में, तेरे श्वासों के सरगम से
छल छल छलके पीते-पीते, मेरे जीवन का प्याला।

बहुत ध्यान से देखा है, नयनों में तेरे है हाला
छू कर देखा जब श्वासें तेरी, तो उनमें पाई ज्वाला

मैं मधु सुरा का कायल हूँ, तूँ मधु सुरा का है संगम
अब बोल भला कैसे भूलूँ, तेरे अधरों की मधुशाला

अब तक मैं इतना प्यासा था कि प्यास बनी मेरी काया
तेरे नयनों से पीया तो परलोक हुआ मेरा प्यासा

ना पीता था तो अच्छा था, अब पीता हूँ तो और प्यासा
नयनों से पीकर देखा तो, तेरे अधरों का हूँ प्यासा।

तेरी जुल्फों के साये में, लगते है बादल छाये हैं
तेरे नयनों के सागर में, मैंने दो मोती पाये हैं

अधरों के प्यालों की हाला, जाने कब तक छू पाऊँगा
बिन छूये लब की ज्वाला में, मधु शाला के गुण पाये हैं।

मदिरा को तूने जन्म दिया, मदिरा को तूने है पाला
मदिरा से तेरे लाल नयन, तूँ खुद ही है हाला बाला

मदिरा नहीं मदिरा पीयेगी, और नहीं नशा होगा उसको
नयन नशीले तेरे हैं, जैसे पी रखी है हाला।

क्यूँ छोड़ गई मुझको बाला, क्यूँ तोड़ गई मन मतवाला
कब सुबह हुई कब रात हुई, अब कौन मेरा है रखवाला

उन बातों को हम याद करें, उन यादों से मन बहलायें
उन नयनों से फरियाद करें, जो नयन नहीं, है मधुशाला

उठा सुराही भरले प्याला बना रहे तूँ मतवाला
साकी आये, या ना आये पीते रहना जमके हाला

ये सच है तूने खूब पिलाई, मुझको जी भर के बाला
अधरों से मुझको दे डाली खुद अपने जीवन की हाला

लेकिन लब मेरे सूख गये, ज़ब से मैखाना छोड़ गई
अब लौट चली आ मधुबाला, भरने जीवन की मधुशाला।

शरमा के ऐसे हँसती हो जैसे लहराती है हाला
खुल करके जब भी हँस दोगी तो नाच उठेगी मधुशाला

आँखों में रहने दो मस्ती अधरों पर रहने दो मुस्कान
थोड़ा सा हम भी जी लेंगे, तुझे देख कर मधुबाला।

पैरों में पायल क्यूँ बांधी, क्यूं कमर में लटकाया छल्ला
आँखें कजरारी कर डाली, अधरों पे इठलाई हाला
यूँ ठुमक ठुमक कर चलती हो जैसे तुम खुद ही हो साकी
हमदर्दी हम से है इतनी, भर दोगी अश्कों से प्याला।

ना आये हैं हम मैखाने, ना अब तक है छुई हाला
फिर भी मस्ती में पड़े रहे, पीकर तेरे लब की हाला
पीते पीते पीली इतनी कि और नहीं कुछ पी सकते
बिन पीये जी जायेंगे पर नहीं जायेंगे मधुशाला

तेरे अधरों से पी हमने तेरे अधरों की पी हाला
पीकर हम ऐसे झूम गये, जीवन भर पीयेंगे बाला
थक भी जाये तो मत रूकना, हमसे कहना दम भर देंगे
अधरों से पी अधरों से पा जब तक हम जिन्दा मधुबाला।

भोर हुई दिनकर निकला, ला तेरे अधरों की हाला
रात खो गई सुबह हो गई, पीते पीते ही हाला
मेरा मन्दिर मस्जिद मेरी तुम गीता हो पूजा मेरी
भोर इुई तो क्या हो गया, और पिलाओ मधुबाला।

दो दर थे दो राहें थीं एक तुम थी एक थी मधुशाला
दोनों जीवन की खुशियाँ थीं दोनों को गम ने था पाला
हम किसे छोड़ किसको पाते या अपनी जान लुटा देते
हमको केवल एक चुनना था या उसको या तुमको बाला।

दोनों ही होश उड़ाती हो दोनों का प्यार निराला
दोनों का काम पिलाना है बहती रहती है हाला

रातें मतवाली दोनों से दोनों से शामें रंगी है
फिर भी दिल तुमको दे बैठे, क्यूँ कि तुम थी मधुबाला।

किन्तु ना मुझको दो मौका कि याद करूँ मैं मधुशाला
प्यासा भी इतना मत रखना कि प्यास नहीं वो हो ज्वाला

दर तेरा राहें तेरी हैं हम तो आये हैं लुट जाने
तन मन की प्यास बुझा बाला, बनके बहना अब हाला

तुझे शरम आती होगी तूँ ठहरी जो एक बाला
कैसे अधरों को छूने दे रहती उनमें है ज्वाला

सांस सांस में आग भरी लेकिन कैसे समझाये
जब खुद को ही कोई होश नहीं कैसे बन जाये हाला।

जिन आँखों में तीर बसे थे अब रहती है हाला
मासूम भी है तूँ कमसिन भी जाने किसने है पाला

आँचल को थोड़ा ढ़लने दे थोड़ी छाने दे मस्ती
मैं ही तो तेरा मजनू हूँ तूँ ही है मेरी लैला

फिर शरम तुझे आती होगी मेरा खाली है प्याला
माना कि मैं एक प्यासा हूँ तूँ भी तो प्यासी बाला

कब तक तुम खुद को रोकोगी कब तक टालोगी मुझको
क्षुधा शांत मेरी होगी, तेरी भी होगी बाला

प्याला छूटा छूटी हाला और छूट गई है मधुशाला
तेरा पहलू बस मिल जाये इतना सा चाहा है बाला

सारी दुनियाँ जान गई मैं तेरा ही दिवाना हूँ
प्यासा सारी उमर का हूँ जिस दिन से देखी मधुबाला

अब आज नहीं तुम रोकोगी पीने से लब की हाला
इसके पहले कि मर जाऊँ थोड़ी पीने दे बाला
ये लब मिलने को आतुर है कहती है तेरी धड़कन
ले पीले मेरी सौगन्ध है मेरे अधरों की ज्वाला।

बिन तेरे जीवन है सूना जैसे बिन मदिरा के प्याला
साथ रहे थे खूब पिया अब कहाँ गई तूँ मधुबाला
दिन बीते रातें बीती ये जीवन पर कैसी बीती
फिर एक बार तूँ मुझे चूम ले तुझे चूम लूँ मै बाला।

कब भोर हुई, कब होगी रात, नजरें सूनी दिल है बेताब
हर कोना इतना सूना है, तुम बिन ये कैसे जीना है।

कहाँ कहाँ ढूँढा तुमको, आखिर तो खोजा सपनों में
आँख खुली, सपना टूटा, तुम छुपी हुई थी इस मन में।

सोते जगते हँसते रोते कुछ पीते रहते हैं हाला
गिरते पड़ते लड़ते मरते आबाद करेंगे मधुशाला
छोड़ अभी घर वाली को विष का सौपान करेंगे कुछ
वो बहुत अभागे हैं साकी, नजरों की जिसने न पी हाला।

अबला

मदिरा को मदिरा रहने दो प्याले को रहने दो प्याला
साकी का काम पिलाना है और बनी रहेगी मधुशाला
कुछ आते है कुछ जाते हैं, कुछ पीकर के सो जाते हैं
मदीरा बहती रहती है और राज करेगी मधुबाला।

अपमान करो मत नारी का माना कि नारी है अबला
चुपचाप सभी सह लेती है लेकिन ना बनती है हाला
मदिरा को प्यार किया तुमने, मदिरा से नयन लड़ाये हैं
हम भूल गये है नारी को क्यूँ भूल गये जिसने पाला।

नारी का प्यार मिला जिसको वो समझेगा क्या नारी है
जिसने इसका श्रंगार किया जानेगा कितनी प्यारी है
तुम मदिरा में डूबे रहना और उसको ही पीते रहना
मदिरा भी तुमको पीयेगी, यह केवल एक शराबी है।

तुम नर होकर भी नारी को, मदिरा की सौतन कहते हो
अमृत छोड़ दिया तुमने क्यूँ जहर चढ़ाते रहते हो
नारी के मन की नदिया को मदिरा की धार बताया क्यूँ
सहन किया इतना नारी ने फिर भी डसते रहते हो।

तेरे जंगल में मंगल कर सब कुछ नारी ने दे डाला
तुम पिशाच को पाकर भी तुझे देवता ही माना
तुमने मदिरा से प्यार किया, तब भी नारी ने गम खाया
इतना बलिदान किया तब भी नारी ने प्यार नहीं पाया।।

खाका

फूलों की पतियों का बन जाये कागज
तो कलम बन जायेगी बगियन की कलियाँ
जिगर को कलम दान बना दूँगा मेरा
रोशनाई होगी मधुरस की डलियाँ
ख्यालों का खाका मैं खींच दूँगा उनपर
बहारों से लेकर मैं उनका ठिकाना
रही बात खत को उन्हे भेजने की
कहूँगा मैं तारों से उसे भेज देना।

खता

मैंने खत भी लिखा तो ऐसा कि कोई खत ना होकर खता हुई हो
लिखना चाहता था कि मैं करता हूँ वफा
लिख दिया यूँ कि कोई बेवफाई हुई हो
तुमने धड़कते दिल से इसे पढ़ना शुरु किया
कि शायद प्रेम का पैगाम होगा
पढ़ कर जाना कि इसमें मजनूं की
दीवानगी है तो थोड़ा शरमा गई हो।

यादें

ये वादियें नहीं तेरी यादें हैं
इन्होंने मुझे हँसाया नहीं रूलाया है
सुबह से शाम तक सिर्फ रिझाया है
तूँ खुद यहाँ नहीं आती तो इन्हें भी वापस बुलाले
ये सावन की पुरवाई और मधुर संगीत
ये हँसता हुआ उपवन और संध्या का मधुर गीत
सुन तेरे बिना सब उदास है
फूलों की बहार, कलियों का अम्बार, बरखा की बोछार
बिन तेरे, महबूब मेरे सब बेकार है
सावन ने रो रोकर नदियाँ बहाई है
बहार ने फूल तो खिलाये लेकिन हँसी नहीं आई है
सबको यही शिकायत है कि तूँ नहीं आई है
इन सबकी फरियाद है कि मैं तुम्हें बुलालूं
मेरे मन की मानो तो तुम्हें तारों से जड़ा दूँ
काली अंधेरी रात समुद्र में गोते लगायेगी
जब मेरा महबूब घूँघट हटायेगा
आसमाँ का चाँद धरती पर उतर आयेगा
रे बादल के टुकड़े मेरे ख्वाब को हकीकत बनादे
तूँ नीचे उतर आ मुझे उस तक उड़ादे
पालकी की क्या जरूरत मैं खुद ही जा रहा हूँ
फूलों सी नाजुक जब वो है तो ख्वाब खुद उड़ा ले जायेगा
जब वो होंगी साथ मेरे इमान क्या बच पायेगा।

वादियें

ये वादियें नहीं तेरी यादें हैं
सावन की पुरवाई में तेरी बातें हैं
बादलों से घिर आये आसमान ने
तेरे सिर्फ तेरे ही ख्यालों से मुझे घेर लिया
चमकती बिजली की धड़धड़ाती घटाओं ने
ख्यालों में तुझसे सिमट जाने को मजबूर किया
बरखा सह ना सकी तो बिखर गई
थोड़ा हँसकर थोड़ा रोकर लेकिन पिघल गई
बोछार ने मुझे भी छूकर रूला दिया
यादें तेरी तेरा दामन बाकी सब कुछ भूला दिया
इस संध्या के संगीत में छुपा मेरे मितवा का मधुर गीत है।

शाम

एक तरफ तो शाम
जिसने दिन के साथ दिल को भी डूबा दिया
दूसरी ओर मेघाछन्न आकाश
सूरज डूबने के पहले शाम को बुला लिया
शाम तुम वक्त से आती तो कुछ और वक्त कट जाता
मंजिल को भी तूने छुपा दिया
नहीं तो कुछ और भी सफर कट जाता।
मैं अकेला हूँ तूँ साथ में रात लेकर चलती है
मेरे रिसते घावों पर एक तूँ है कि नश्तर चलाती रहती है
जब शाम तूँ ही नहीं कटती तो बता क्या रात कट जायेगी
तूँ शाम है ना, तूँ इस बात को कभी नहीं समझ पायेगी
तेरे आते आते राही थक जाते हैं
दिन भर चलने के बाद तुझे देख कर रूक जाते हैं
तुझे क्या मजा आता है प्रेमी को पागल करने में
जो शख्स पहले से पागल है उसे और पगलाने में
देख तूँ इतना मत सता किसी को
देख किसी को तूँ इतना भी मत रूला
कि उसकी रूदन से तेरे जिस्म पर अनगिनत घाव हो जाय
और मेघाछन्न आकाश तेरे घावों को देख कर ही फट जावें।
तूँ तारों को रोती रहे चाँद को बिलखती रहे
शाम रात में, रात श्मशान में बदल जाये।

तूँ यहाँ

झूम कर पेड़ों की डाली मुझसे यूँ कहने लगी
ये समां है प्यार का महबूब तेरा है कहाँ

देख भंवरा किस तरह से है चमन में आ डटा
मैं रूआँसा हो गया हूँ क्या बताऊँ तूँ कहाँ

हर फूल में हैं तूँ छुपी और हर कली तुझसे खिली
नाच करती ये तितलियाँ तेरी है भेजी हुई

तूने देखा एक नजर तो झूमने भँवरा लगा
देखा डाली झूमते तो मन मेरा रोने लगा
मैं दिवाना हो गया हूँ क्या बताऊँ तूँ कहाँ

ये घटायें और ये बादल तेरी जुल्फों ने बनाये
इन चमकती बिजलियों में चमचमाती तूँ हँसी

बनके बरखा बरसा बादल तो मुझे ऐसा लगा
खोल दी है तूनें जुल्फें छा गई तेरी छटा
मरूधरा मैं बन गया हूँ क्या बताऊँ तूँ कहाँ

हैं किसी को क्या पता कि तूँ चमकता चाँद है
तूँ छुपाले हँसता चेहरा तो फिर काली रात है

चाँदनी खिलती है तब ही जब तेरा घूँघट हटा
माँग में बसते हैं तारे तुझको न लेकिन है गुमाँ
मैं चकोरा बन गया हूँ क्या बताऊँ तूँ कहाँ

ये हवायें यें फिजायें ये बहारें सब में तूँ है
तूँ ही मधुरस, तूँ ही मधुबन, तूँ ही खुश्बू, महक भी तूँ है

मेरी खुशियाँ मेरा जीवन तूँ मेरा सारा जहान
तेरा पतंगा बन गया मैं तूँ बनी मेरी शमा
दिल चीर के मैं अब दिखा दूँ
और बता दूँ तूँ यहाँ।।

प्रीत

आज मन उदास है, ये कैसी एक शाम है
ना जीने देती ना मरने देती, दर्द का पैगाम है

अचानक तेरी याद इस कदर आई कि दिल तेरे लिये बेताब है
मुझे रिझाने और तड़फाने तूँ यादों के सहारे चली आती है

मेरे गरीब दिल पर थोड़ा तो रहम कर ऐ रहम दिल
मुझे तूँ इतना तो परेशान मत कर

मेरे दिल की बेचेनी तो तुम हो
मैंने गलत समझा था कि तुम्हीं दिल का चैन हो

मुझे बहम होता था कि मैं तुमसे प्यार करता हूँ
अब तो यही हकीकत है कि मैं तुमपे जान देता हूँ

फिर भी तुम कितनी बेखबर हो
और मैं कितना बेसहारा

हर सुबह तुम्हें याद करता हूँ
हर शाम तेरी यादों के चिराग जलाता हूँ

तुम अगर मुझसे रूठी हुई नहीं हो तो
क्यूं प्यार नहीं करती, क्यूँ अहसान नहीं करती

क्यूँ पर क्यूँ खुद नहीं आती या हमें नहीं बुलाती
और यादों को मेरे पास भेज देती हो

रातें मेरी यादें तेरी मन मेरा मन मीत है तूँ
यादों के सहारे जिन्दा हूँ और मन की मेरी प्रीत है तूँ।।

दिले हाल

ना मैं हंस सका ना मैं रो सका
तेरे खत का था मुझे इन्तजार

ना मैं आ सका ना बुला सका
ऐसा बेजुबान है मेरा प्यार

ऐक तुम हो कि मस्त हो, खुद अपने हाल में व्यस्त हो
तुम्हे क्या खबर कि है इश्क क्या

नजरों से घायल कर दिया
नहीं पूछा दिले हाल एक बार

तस्वीर

आज तेरी यादों ने मुझे इतना झकझोर दिया
कि तूँ नहीं तो तेरी तस्वीर को मैंने यूँ बोल दिया

देखो तुम मुझे यूँ सताया ना करो
मेरे प्यार को बेवजह रूलाया ना करो

तुम्हे पाने को दिल छटपटाता है
तुम से मिलने को मन गीत गाता है

तुम खुद तो हो वहीं और तस्वीर छोड़ गई
मुझको तो तस्वीर से भी जोड़ गई

मैं तेरी तस्वीर लिये घूमता हूँ
तुझे रात दिन इस छोर से उस छोर तक ढूँढता हूँ

इन शहर वालों से, फूलों और पतियों से तेरा ठिकाना पूछता हूँ
फिर हर शाम खाली हाथ घर लौट कर तेरी तस्वीर चूमता हूँ।

तस्वीरे कागज

जो दिन संग गुजारे उन दिनों का है सहारा
प्यार से देखा था तूने और मधुरता से पुकारा
वो छबी मेरी अमानत दिल में है तस्वीर तेरी
ये तेरी तस्वीरे कागज प्रेम का झूठा सहारा
तस्वीरे कागज ना हँसेगी, ना कहेगी ना बुलायेंगी हमें
ना करेगी बात हमसे ना हँसायेगी हमें
ना वो ममता दे सकेगी और ना होगा उससे प्यार
क्या वो हमसे रूठेगी और क्या मनायेगी हमें
तस्वीरे कागज बेजुबान बेजान है ना तेरा अहसान है
तूँ नहीं है संग मेरे तस्वीर में क्या सार है
तुझ में तेरी तस्वीर में क्या फर्क है मैं जानता हूँ
तस्वीर से दिल लग गया तो ये तेरा अपमान है
तेरी जुल्फें तेरी आँखें, तेरी बिंदिया तेरा दामन
तस्वीरे कागज में वो सब है तो भी नहीं तेरा अनजुमन
लब तो है तस्वीर में भी पर नहीं मधुरस की बूँद
तुझ में बसी है जान मेरी तस्वीर में नहीं तन या मन।
तस्वीर से यदि दिल बहलता तस्वीर से हो जाता प्यार
एक मेरी तस्वीर भी तुम रखे रहना अपने पास
खुश नसीबी होगी मेरी और में हुँगा खुशनुमा
दिलदार होगी तस्वीर मेरी गर बन गई वो तेरा यार।

मन

भावों से मन है भरा हुआ, बह सकता है, नहीं कह सकता
उनकी यादों से है पागल, फट जायेगा नहीं सह सकता

मन की भाषा में शब्द नहीं जो इस जुबान से मैं कह दूँ
जिस मन का भूषण ममता है, मन तुझ बिन बहल नहीं सकता

मन मेरे वश में रहता था, अब मैं मन के वश में हूँ
मन तो अब भी आजाद नहीं, कहता है उनके वश मैं हूँ

तुमने कैसा उपकार किया, मन मेरा तुमने जीत लिया
अब सारा जग ये जान गया, मैं तेरे मन के वश में हूँ।।

वक्त

हम करवट बदलते हैं, उसके पहले वक्त पलट जाता है
एक सांस के अन्तर में तो सब कुछ बदल जाता है
सबेरे सुनहली धूप के टुकड़े तेरे बदन पर बिखर जाते थे
या पानी की लहरों से टकरा कर चकनाचूर हो जाते थे
जहाँ तहाँ बाग बगीचे और फूलों की बहार होती थी
जिनके रंगों और खुश्बू की जिम्मेदारी तुझ पर होती थी
पहाड़ों का पड़ाव धरती पर और मस्तक नभ से टकराता था
लेकिन तेरे वक्ष स्थल के आगे पहाड़ सिर नवाता था
नदियाँ बहती थी तेरे बताये रस्तों पर
झरने गिरते थे तेरे सुन्दर पांवों पर
तूँ आँचल फैला देती तो बहारें चारों ओर फैल जाती
तूँ दामन सिमट लेती तो वादियें घोंसलों में घुस जाती
तेरे गेसू बिखर गये तो मैंने रात देखी
तुझसे नजरें मिली तो तारों की बारात देखी
नभ का चाँद जाने कहाँ छुप गया
घूँघट का चाँद जब थोड़ा महक गया
मैं उन सारी बातों का साक्षी हूँ जो मेरे सामने घट गई
मैं उन बातों को भी खूब जानता हूँ जो होने से ठिठक गयी
अब भी घटता होगा कुछ तो घटता ही होगा
मैं जाऊँ या रहूँ सूरज तो ढ़लता ही होगा।

लेकिन समय के बहाव ने हमें अलग अलग किनारों पर पटक दिया
    किनारों से अच्छा तो बहाव था जिसने हमको कुछ क्षण मिला दिया
मैं उस लहर की इन्तजार में हूँ जो हमें फिर मझधार में लायेगी
    मेरे बिछुड़े मीत से मुझे एक बार फिर मिलायेगी
पलक झपकती है उसके पहले प्रलय चला आता है
    वक्त की इनायत हो तो उजड़ा गुलशन भी महक जाता है
हम करवट पलटते हैं उसके पहले वक्त पलट जाता है
    एक सांस के अंतर में तो सब कुछ बदल जाता है।।
वर्षो के रिश्ते क्षणों में बिखर जाते हैं
    देखते देखते दो अजनबी हो जाते हैं
पहले मिले थे तब भी अजनबी थे
    लेकिन उस वक्त रिश्ता नहीं था तो नजदीक भी ना थे
विचारों में समानता नहीं थी तो भिन्नता भी नहीं थी
    आकर्षण था या ना था लेकिन निश्चय ही नफरत नहीं थी
तब मिले तो ऐसा महसूस हुआ था कि निभ जायेगा
    कुछ ऐसा आकर्षण हुआ कि दिल बहल जायेगा
दिल बहला भी, रिश्ता बना भी
    बहुत अर्से तक दिल दिल के लिये पसीजा भी
लेकिन एक दिन अचानक एक क्षण में सूरज की किरणें खो गई
    बादलों ने ऐसा कुहराम मचाया कि दिन ढ़लने से पहले धूप सो गई
सूरज अब भी है लेकिन धूप नहीं
    हम भी जिन्दा हैं किन्तु जान नहीं
क्या वर्षो की तपस्या भंग होने में एक क्षण भी नहीं लगता
    मन की ममता सूख जाने में एक पल भी नहीं लगता

नहीं ऐसा तो नहीं, कभी 2 तन रूठ जाते हैं मन नहीं
तब मन टूटे रिश्तों की परिक्रमा करता है
रूठे मीत को और भी अधिक याद करता है
चाँद की चाँदनी दिन में नहीं रात में खिलती है
तो ऐसी ही घड़ियाँ में सच्चे रिश्तों की पहचान होती है
तब ये टूटे रिश्ते क्षणों में संवर जाते हैं
भोर के साथ भोंरे चहक जाते हैं।

हाले दिल

चाँद क्यूँ हँस रहा है, रात क्यूँ खिल गई है
सुन रे महबूब मेरे, हाले दिल बिगड़ गई है
चाँद है चौदहवीं का, आसमां दूधिया है
आजा महबूब मेरे, ये रात बुला रही है।

दिल जो कह रहा है वो चाँद सुन रहा है
मन की मेरी पीड़ा तो मोम बन गई है
वो रात ही भली थी जिसमें न था सबेरा
इस रात चाँदनी में तूँ याद आ गई है।

इस रात को मुबारक इस चाँदनी की चाँदी
जिसे चाँद रास आया, उसे रात की जवानी
मेरे दिल की रोशनी में, आग लग गई है
इस रंगीन रात में तेरी चाह जग गई है।

दूरियों के दामन से तारे छिटक जाते हैं
मजबूरियाँ है अपनी हम तुम बिछुड़ गये हैं
दिल के भोले चेन को, चाँदनी डस गई है
आ मन के मीत मेरे, जिन्दगी बुला रही है।।

परेशान

कोई क्यूँ बेफिक्र और अनजान है
कोई क्यूँ ख्वामहख्वाम परेशान है
तुझे भूला दिया गया, तूँ भी भूल जा
नहीं तेरा, नहीं उनका, नहीं किसी का अहसान है।

विश्वास नहीं होता कि उन्होंने प्यार किया था
किसी ने खत लिखने का वादा किया था
वो अपने वादों से यूँ मुकर जायेंगे
सारी मुलाकातों को भूल जायेंगे
शिकवा करने से क्या हासिल जब वक्त बेइमान है
क्यूँ कोई ख्वामहख्वाम परेशान है।

इन हवाओं का क्या होगा जो खुश्बू लाती थी
उन शामों का क्या होगा जो उनको भाती थी
उनकी जुबां से बातों का कलियों सा चटक जाना
किसी का उनके पहलू में हर बार बहक जाना
उनकी बेमुरोब्बत ने समझा दिया वो अनजान है
फिर क्यूँ कोई ख्वामहख्वाम परेशान है।

कोई आसमां से गिर पड़ा तो वो क्या करें
वसुंधरा में धंस गया तो वो क्या करे
आँखों से आँसू ही बहेंगे पानी तो नहीं
किसी का दिल लग गया, किन्तु उनका तो नहीं
इसमें उनका क्या कसूर ये जहान है
तब क्यूँ कोई ख्वामहख्वाम परेशान है।

वो समझ गई यदि पीड़ा को तो और हँसेगी
कुछ भी कह देना दुनियाँ को, खत वो नहीं लिखेंगी
तुझे काटनी होगी ये तन्हाई रातों की
तुझे भूलना होगा वो चतुराई बातों की
ये शामें, ये रातें, उनकी यादें, तेरी मौत का सामान है
नहीं तेरा, नहीं उनका, नहीं किसी का अहसान हैं।।

मज़ार

वो तो इस तरह भूल गई जैसे हमें जानती ही नहीं
    मुँह ही फेरना था तो फेर लेती लेकिन इस तरह तो नहीं
माना कि हम तेरे काबिल नहीं तो पहले भी नहीं थे और अब भी नहीं
    लेकिन यह नहीं जाना था कि नज़रों से इतना गिरायेगी
    कि नजर मिलायेगी ही नहीं।
मैं तो अब भी वही हूँ भला बुरा जो भी हूँ बस तेरा हूँ
    अच्छे दिन गुजर गये अब तुम भूल गये मैं वक्त से पिट गया हूँ
कभी तुम्हारी इनायत थी, आज शिकायत भी नहीं,
    मैं खुद से सहम गया हूँ
    किधर जाऊँ, कहाँ जाऊँ, किसे सुनाऊँ मैं हैरान हूँ
मैंने तो सबसे कह दिया कि तूँने और मैंने क्या क्या किया
    तूँ मुझसे लिपट जाती थी, मुझमें सिमट जाती थी कि
    अपना दिल तक दिया
मैं तेरे गेसू में उलझ गया, जिन्दगी में सुलझ गया, तूने मेरा दिल लिया
    हम एक दूसरे के हो चुके थे, जीवन भर के लिए खो चुके थे,
    विश्वास करो इतना प्यार किया
अचानक तुझे ये क्या हो गया है, मैं दुनियाँ से क्या कहूँगा
    तूने पहलू से हटा दिया, दिल से निकाल दिया, तो मैं कहाँ रहूँगा
रिश्ते ही तोड़ने हैं तो एक सलीके से तोड़,
    नहीं पढ़ेगी तो मैं खत किसे लिखूँगा
    तेरी हर बात मुझे मंजूर होगी किन्तु कोई और नहीं तेरे दर पे मैं मरूँगा

तूँ मेरी मजार पे आयेगी विश्वास है कि फूल चढ़ायेगी
अभी भूल जाने का बहाना कर, किन्तु फिर यादों के चिराग जलायेगी
आज मेरे गीतों से नफरत है, वक्त दूर नहीं जब इन्हें ही गुनगुनायेगी
हर जिन्दगी में एक रात आती है, तेरी दुआ से वो रात भी ढ़ल जायेगी।

हाँ, उस समय मैं नहीं रहूँगा, तो क्या ये चाँद और सितारे तो होंगे
झरना फिर गिरेगा, नदी गायेगी, बहारें लौट आयेंगी,
प्यार के गुलशन सजेंगे
एक फूल मिटता है, मिट के अमर होता है, तभी तो सौ नये खिलेंगे
तुझे एक क्षण भी पा लिया होता तो मरने का रंज नहीं होता,
तो अब तो खुशी से मरेंगे।

महक

जब दिन का सूरज ढ़लता है और शाम चहकने लगती है
मन धीरे धीरे उड़ता है तेरी याद महकने लगती है
पंछी जो दिन में उड़ते हैं जब शाम हुई तो घर लौटे
मन का पंछी उड़ जाता है तेरी याद उड़ाने आती है।

हर शाम यह हालत हो जिसकी, उसका भी एक किनारा है
वह चुप रह कर सह लेता है बस चुप्पी एक सहारा है
हर शाम जलाती है थोड़ा हर शाम रूलाती है मुझको
हर शाम देखती है रोना, ऐसा भी एक नजारा है
मैं तुम तक पहुँच नहीं पाता तो शाम अफसोस मनाती है
मन धीरे धीरे उड़ता है तेरी याद महकने लगती है

दिया जलाया है मैंने तुझसे वादा जो कर डाला
दिया नहीं मैं जलता हूँ तेरी चाहत का दिल मारा
मैं भी कैसा एक राही हूँ नहीं साथ नहीं कोई मंजिल है
तनहा राहों का राही हूँ, मन भटकता फिरता है मारा
हर शाम में ऐसी हालत है रूसवाई संग में रहती है
मन धीरे धीरे कहता है तेरी याद सताने लगती है।

ये शामों का झुरमुट कैसा यादों का गुंजन है जैसे
मन कहदे या चुप रह जाये ये मन का है क्रुन्दन वैसे
मन की बातें कुछ अनजानी, जो कोई जान नहीं पाया
बेबस मन की मजबूरी, शामों का बनी रूदन जैसे
अक्सर मैंने ये देखा है कि शाम सिसकने लगती है
मन धीरे धीरे उड़ता है तेरी याद महकने लगती है।

कोई कहदो इन शामों से ये कोई गीत नहीं गायें
इस ढ़लते दिन को सोने दो ये मन के पास नहीं आये
जो आग लगा जाती हैं शामें सारी रात नहीं बुझती
मन धीरे धीरे घुटता है जब शामों का कोहरा छा जाये
तब मेरे मन के हालत की ये शाम कहानी कहती है
मन धीरे धीरे उड़ता है, तेरी याद महकने लगती है।

बहारें

मुझे तुम मिले तो मैं जी उठा, मेरी जिन्दगी भी सँवर गई
इतनी हसीन है जिन्दगी, तूने छू लिया तो बहक गई
मैं थक गया, ऐसे हो गया कि मैं अब नहीं जी पाऊँगा
तेरा लाख लाख है शुक्रिया कि तूँ गर्दिशों में भी मिल गई।

मन की धरती में कभी कोई न कोंपल खिल सकी
मन सरल, ममता थी मन में, क्यूँ बहार न आ सकी
काँटे जहाँ नहीं खिल सके, अब खिल रही कलियाँ वहाँ
बंजर बनी थी जो धरा तूँ, बीज उसमें बो गई
प्यार तेरा रंग लाया तूँ ही बरखा हो गई।

तेरी बदौलत शाम का रंग चाँदनी में खो गया
गम जिसे रहता था घेरे, यादों में तेरी खो गया
शाम हो या रात हो और चाहे अब बरसात हो
वो नहीं तुझसे जुदा तूँ उसकी साया हो गई
तूँ नहीं दामन छुड़ाना तूँ ही खुशियाँ हो गई।
अब सुहानी जिन्दगी है और शिकायत है नहीं

हूँ तो मैं धारा में लेकिन अब बिना साहिल नहीं
बहुत घुट घुट के जिया था अब किनारा पास है
अब बहारें खिल गई हैं और खिजायें मिट गई
तूने सहारा दे दिया तो अब तूँ मेरी हो गई।
दिन बदलते हैं बदल जाते हैं अपने ही सभी
दिन संवरते हैं कोई बना लेता है अपना भी कभी
तनहा बहुत था जिन्दगी में तूँ मेरी पतवार अब
जो जिन्दगी से डर गया, अब मौत उससे डर गई
साथ मेरे तुझको देखा तो ये दुनियाँ झुक गई।।

दामन

जिन्दगी के इस छोर ही नहीं उस छोर भी मैंने तेरा साथ मांगा है
तूँ गम दे या खुशियाँ दे, ये तेरी मर्जी है, मैंने तेरा प्यार मांगा है
मुकद्दर में लिखा है, जो मिल जायेगा,
क्या मिला और क्या नहीं, इसका मुझे गिला नहीं
वैसे यूँ आदत नहीं कि झुक जाऊँ खुदा के आगे भी,
लेकिन तेरे आगे हाथ पसारा है।
अपनी खुशी से गम देना या काँटे बिछा देना,
मैं खुशी से कबूल कर लूँगा
और यदि खुशियाँ दी और कलियाँ बिछादी,
तो झुककर सलाम कर लूँगा
महोब्बत मिल गई तो मैं महोब्बत का इजहार कर लूँगा,
नहीं तो सिर्फ शिकायत करने खामोशी नहीं टूटेगी
दामन रिक्त नहीं लौटे इतना ख्याल कर लेना कि
मैंने दामन फैलाया है।
यकीन नहीं हो तो एक बार आजमा कर देख ले,
शायद तेरा दिल बहल जाये
कलियाँ सिमट लेना दामन में, काँटे सजा देना आंगन में
और आफताब ढ़ल जाये
तब भी देख लेना ये अंगारे फूल बन कर दिल से लगे रहेंगे
तूँ वो ही तो दे सकती है, जो मेरे नसीबों में लिखा है
और जिसके लिये मैंने अनजाने में दामन फैलाया है।

हाथ सबके उठे होने से ही हर एक को चाँद नहीं मिल जाता
तमन्नायें करने से ही फूल नहीं खिलते और
आँगन नहीं महक जाता
यह सच है कि लौ नहीं जलती,
पतंगे जलते हैं लेकिन जलने से वो डर नहीं जाते
तब कैसा गम और कैसी खुशियाँ, हो जायेंगे काँटे भी कलियाँ
मैंने दामन फैलाया है और तेरे आगे हाथ पसारा है।।

गुस्सा

उनका गुस्सा भी उनकी ही तरह नाजुक है
जो चट गुलाबी से लाल और
आशिकों का हलाल पल में कर देता है
हम आशिकों की भी कोई जिन्दगी है
उनकी तोमत उठाये फिरते हैं फिर भी कब जान पे बन जाये
वो तो गुस्से में और निखर जाते हैं
और हम गरीबों का जीना हराम हो जाये
हम जिनके सहारे जिन्दा हैं वो ही रिश्ता ए उम्मीद तोड़ने पे आमादा हैं

हम बेकसूर साबित हुए कसूरवान
इसिलिए हम बहुत शर्मिन्दा हैं
नजरों से तीर चला देना कितना आसान है
नजर उठा कर भी वो देख लेंगे तो बड़ा अहसान है
उनकी यादों से दिल जख्मी हो गया
फिर भी उनसे शिकायत नहीं कर सकते
वो थोड़ा सा नाराज क्या हुए लगता है बहुत परेशान हैं

भूल

चार दिन की चाँदनी से भली अंधेरी रात है
उस जीवन से मौत भली जिसमें दोनों का साथ है
राही राहों पर चलते हैं तो मंजिल भी मिल जाती है
रात अंधेरी है तो क्या तारे अपने साथ है।

जिन रिश्तों की राख हुई चिनगारी है क्यूँ दबी हुई
जब भी मुड़ के देखा पीछे, यादों की बरसात हुई
शामों को दफनाता हूँ लेकिन काँटे चुभने लगते हैं
तुम फूलों सी खिलती रहना उन भूलों की रात गई।

इन्तज़ार

हमने हर जन्म तेरा इन्तजार किया
और अब भी करेंगे
हर जिन्दगी में ये दुआ की
तूँ मेरी बनी रहें हम तेरे रहेंगे

खुदा कई बार खफा हुआ लेकिन
हमने तुमको जुदा नहीं होने दिया
खुदा के वास्ते अब कभी ये न कहना
चलो एक बार अजनबी बन जायें हम दोनों
हम जन्म जन्म के साथी हैं
हर जन्म में साथ रहेंगे हम
सुख दुख जीवन के साये हैं
हँसते रोते सहलेंगे हम

साहिल बने हो मेरे मालिक अब किनारा पास है
गर्दिशों में था सितारा आसमां अब साफ है

कश्ती की है ये सदा साहिल न उससे हो जुदा
खुशियों से भर साहिल की झोली है दुआ मेरे खुदा।

नाराज़गी

मेरे महबूब नाराज हो मगर इतना नहीं कि
मनाना मुश्किल हो जाये
मैं भी इंसा हूँ, गलती भी कर बैठूं तो वो सजा मत देना
कि जीना मुश्किल हो जाये
प्रेमी प्रेम रचाते हैं, चौंच भिड़ाते हैं तो कभी
चौंच लड़ भी जाती है
लेकिन इसका यह मतलब नहीं कि चौंच
चौंच से अलग हटा ली जाये।

राही

तेरी यादों को भुला दूँ किस तरह तूँ ही बता
जग हँसाई हो न जाये ऐसी कुछ दे दे सदा
मन को समझाया बहुत था अब न समझाना इसे
प्यार तुझसे हो गया तो मेरी क्या इसमें खता।

इस अकेली राह पर राही अकेला मैं ही था
चलते चलते थक भी जाता तब भी ना करता गिला
तुम खड़ी थी राह में मैं साथ तेरे हो लिया
मंजिल मिले या ना मिले पर साथ रहना तूँ सदा।

राह में रोड़े बहुत हैं राह में कांटे बिछेंगे
जिन्दगी आसां नहीं है दिन में भी तारे दिखेंगे
चाँदनी सी दिख रही जो वो हुआ है भ्रम कदा
दिल के अरमानों से होली खेलेंगे हम तुम सदा

जो धरा थी कल हरी वो आज बंजर क्यूँ बनी
जो कली थी कल जवां वो आज क्यूँ मुरझा गई
जिस नदी में कल था पानी आज किसने दी सजा
जब भी जिसने जो दिया जग ने लिया फिर भी हँसा।

काँटे पड़े रहते हैं बिखरे फूलों को पड़ता है चुनना
गम से भरी इस जिन्दगी में फूलों सी खुश हो के रहना
मैं भला क्या दे सकूंगा पर न होना तूँ खफा
मुझको देना हे प्रभू मेरे गुनाहों की सजा

इमारत

अपने प्यार की इमारत बनाई है किस तरह
खुद अपने हाथों से नींव खोद कर
खून और पसीना बहाया पानी की तरह
ख्यालों और अरमानों की ईंटों पर ईंटें जमाता गया
नींव भर गई तो दिवारें बनाता गया
कि एक दिन मेरे प्यार की इमारत बन गई
तुम्ही मेरे प्यार की मूरत बन गई
इमारत बनाने में मेरा सब कुछ लुट गया
मुझे कितनी खुशी हुई कि प्यार में अनजाने ही सब कुछ लुट गया
जिसकी घंटों दिनों ओर सदियों तक पूजा की
जिस मूरत को प्यार की सूरत दी
वो पत्थर की कैसे निकल गई
ये दिवारें और इमारत सचमुच ईंटों की हो गई
और एक एक कर ईंटें गिरने लगी है
ये प्यार की इमारत बड़ी बेरहमी से ढ़हने लगी है
खून और पसीना क्या पानी भी तो सूख गया
तुम्हारा प्यार ईंटों और मिट्टी की तरह जमकर बिखर गया
बस रहने दो अब यहीं रहने दो
मेरे मासूम प्यार को मत दफनाओ
अब नींव को मत खोद देना
कि नींव को ही प्यार की कब्र मत बना देना।
चिराग बुझा डाले रोशनी भी गुल हुई
कहीं फूँक देकर बच रहे धूँओं को मत उड़ा देना।

पनाह

तूने भटकती हुई जिन्दगी को प्यार दिया
जिसका कोई ठिकाना नहीं उसे भी पनाह दिया

मेरे तपते तनमन को बुझाने बादल सी छा गई
इस उजड़े हुए गुलशन में तूँ बसन्त सी आ गई

तेरे अहसानों का बदला तो नहीं चुका सकूँगा
मेरे मेहरबान कोई भी जन्म में तुझे भुला भी नहीं सकूँगा

हाँ, तूँने खुशियाँ दी हैं तो तुझे हक भी है कि तूँ गम भी दे
बहुत जलने से बचाया है क्या हुआ यदि थोड़ा जला भी दे

तूने प्यार को जन्म दिया और परवरिश कर इस हद तक पहुँचाया
बदकिस्मती मेरी थी कि प्यार के साथ
पनपती बेरूखी को नहीं समझ पाया

तूँने हँसाया ही हँसाया था अब थोड़ा रूलाया है
अब तक तो दिल से सटाये रखा था अब थोड़ा भुलाया है

इसे मेरी शिकायत मत समझना तेरी इनायत ही समझता हूँ
बोल सखी कुछ तो बोल, खामोशी को कयामत समझता हूँ

मैं जीने से भी नहीं धबराया, भला मरने से क्या डरूँगा
तेरी इनायत या शिकायत कुछ भी नहीं तो
जीकर भी क्या करूँगा

लेकिन फिर ख्याल आता है कि तूने कसम खाई है
ये तेरी खामोशी नहीं प्यार में रूसवाई है

तूँ आयेगी, फिर बहार ले आयेगी, बसंत दे जायेगी
मुझे उदास देखकर खुदको न रोक पायेगी

दुलार देना प्यार देना सब कुछ भूल कर सीने से लगा लेना
लता होकर वृक्ष थाम लिया, प्यार से पनपा दिया
अब जिगर से भी थाम लेना।

जनाज़ा

बेवजह तूं नाराज हो गई
और मैं उदास
मन मनों का हो गया
और जिन्दगी खलास
क्या समय की दूरी दूर कर देती है?
दिलों के प्यार को दुनियाँ हिला देती है?
काश! आँसू बहते देख कर तो समझ जाती
मैंने प्यार किया कोई पाप तो नहीं
कि अब इतना हैरत से देखने लगी हो
तब तो तुमने भी साथ दिया था
आज दामन छुड़ा रही हो

देखो समय किसी का साथ नहीं देता
इस बात का ख्याल रखना
अपना नहीं मानोगी मुझे यही ना,
विश्वास दिलाने की जरूरत कहाँ है
लेकिन गैर मानते हुए भी मुझे याद तो रखना
कभी कभी क्यूँ हमेशा ही तुम्हारी याद आयेगी
कभी वफा के बहाने तो कभी जफा के बहाने
कभी कोई बहाने उम्मीद है
हमारी भी याद आयेगी

जो ख्वाब मिल कर देखे थे आज उनका जनाजा
मेरे कंधों पर है

जनाजा तो मेरा भी उठ गया
लेकिन किसी को खबर भी नहीं

तेरी राहों से ही गुजरा था
अपशकुन मान कर तूने देखा तक नहीं।

आरजू

मुझे भुलाने वाले, काश! मैं भी तुझे भूल पाता
लेकिन मेरी जिन्दगी में जलना लिखा है
तुझे याद करते करते ही मरना लिखा है
तेरी खुशियों की सलामती माँगता हूँ
तुझे खुश देखना चाहता हूँ
मेरे घावों का क्या
मारे खुशी के जख्म हरे भरे हो जायेंगे
मन का बिलखना भी अब कोई बिलखना है
ओ शाम तुम्हे रात की, मुझे मौत की प्रतिक्षा है
तुम खुश नसीब हो अधिक रूकना नहीं पड़ेगा
मुझे तो जिन्दा जल कर राख होना है
किसी की याद को आबाद रखना है
मैं ही यदि नहीं रहा, तो उनके होने, और
मेरे नहीं होने में फर्क ही क्या रह जायेगा
मैं जिन्दा दफना दिया जाऊँ
ताकि उनकी यादों के चिराग जलते रहें
मेरी इस एक आरजू का गला मत घोंट देना
मैं जीने मरने की हर शर्त मानने को तैयार हूँ
लेकिन अब, वो कहीं ये नहीं कह दें
कि वो मुझे भूल गये
इसलिये मैं भी उन्हें भूल जाऊँ।

ज़फा

तुझे भूल जायें बता ऐ किस तरह
जमीं से आसमाँ तक है चर्चे ज़फा के
धोखा हुआ था जब तुम मिले थे
फिर एक धोखा हुआ है जब आज बिछुड़े

सब कुछ लुटाया वफा के बहाने
जफा ही जफा दी लेके वफायें
हमीं आज रोते हैं तुझे याद करके
वफायें हैं रोती जफा याद करके

कुछ ही दिनों में तूँ भूलेगी हमको
हमें याद तेरी जफायें रहेंगी
तूँ ही ना होती तो हम तो ना रोते
होकर तुम्हारे सभी कुछ ना खोते

कहती है दुनियाँ कि क्या था जो तुझमें
जो इतनी वफायें लुटाई हमीं ने
तेरी जफाओं के हम जो थे आशिक
वफा पाने वफाई लुटाई सभी ने।

तुम्हें मुबारक हुस्न ये तुम्हारा
वफा भी तो सीखो थोड़ा खुदाया
हमको तुम्हारी जफा तो मिली है
आँसू दिये पर, नहीं है किनारा

चर्चे वफा के जब इतने सुने तो
वफा को लुटाया हमने खुले दिल
सूरत से तेरी ना लगता था हमको
कि एक दिन तूँ मुकरेगी, बनने से संग दिल
कि आज रोये तो रोते चले हैं
तेरी जफाओं के चर्चे बने हैं
रोयेंगे अपनी मुकद्दर को कब तक
कि आखिर बनाया क्यूँ तुझको ही साहिल

आइना

धूँएं की लकीरें जिन्दा है,
चिराग बुझ गये तो क्या
तेरी सूरत बन जाती है,
उन लकीरों से साफ साफ

तुम रूठे खुशियाँ रूठी पर
गम ने साथ दिया मेरा
वो गम जीवन भर काफी है,
मन जिसने समझ लिया मेरा

तूँ भी तो अब ये जान ले मैं जी रहा किस हाल में,
मेरा हाल मेरा आइना
तूँ याद इतनी आयेगी,
ये तो नहीं जाना कभी,
रोने लगेगा आइना

रूसवाई

देखता हूँ तुम्हें कौन छीनता है मुझसे, समाज ?
उस समाज की बात करती हो
जो स्वयं स्वयं के पैरों पर खड़ा नहीं
अव्वल तो जिसके पाँव ही नहीं और हैं भी तो झूठे
समाज के उन ठेकेदारों की ?
जिनकी खुदकी नसों में पाप दौड़ता है
जिन्होंने माँ, बहिन, बेटी सबको वैश्या बना दिया
खुद खून पी गये और गरीबों के कंधों पर
उन्ही का जनाजा निकाल दिया
उन रीति रिवाजों की ?
जिनको बनाया ठेकेदारों ने और पाला समाज ने
जिसने सबला को अबला बना दिया
प्यार को पैसों से तोलना सिखा दिया
पैसा ?
हाँ सब कुछ खरीद सकता है
लेकिन इमान और सच्चा प्यार नहीं
लोक लाज ?
उसे मानोगी जिसने दशरथ को मजबूर किया
राम को बनवास दिया सीता का परित्याग हुआ
भगवान
नहीं नहीं, प्रेम भगवान का ही रूप है

भगवान सर्व व्याप्य है, बिछोह नहीं उसमें मिलाप है
समय?
भगवान के लिए समय को ख्वामहख्वाह मत कोसना
वह तो बिछुड़ों को मिलाता है
असहाय का एक मात्र सहारा
समय की बहती धारा ही तो है
तो फिर कौन छीन लेगा तुमको मुझसे?
कोई भी तो नहीं
फूलों से खुशबू कौन छीन सकता है
चाँद में से चाँदनी कौन निकाल कर फैंक सकता है
प्यार प्रेमी से जुदा होकर नहीं पनप सकता
तुम्हें मुझसे कोई नहीं छीन सकता, हाँ कोई भी तो नहीं।

झलक

मेरे लिये न दिन है न रात है
ना सूखा न बरसात है
चाँद चमकता है तो चमके
अपने लिये तो वही अमावस्या की रात है
हाँ तूँ एक झलक दिखादे तो धूप खिल जायेगी
गेसू बिखरने दे शायद रात हो जायेगी
फिर घूँघट हटाना चाँद बदली से निकल आयेगा
तूँ मुस्कुरायेगी तो पूनम हो जायेगी
तब जानूँगा कि कोई बात है।
आसमाँ सितारों से भरा होगा जमीं पर तो कांटे बिखरे पड़े हैं
बहारें खिलती हैं खिला करें, चमन खिज़ा से भरे पड़े है
मेरा गुलिस्ताँ महक जायेगा तूँ दामन की खुशबू देदे
काँटों में भी फूल खिलेंगे तूँ हँस कर कांटे (मुझको) छू ले
ओ आसमाँ! मुझे चाहिये तूँ मुट्ठी भर तारे दे दे
माँग सजा दूँगा उनकी तो जीने में भी सार है।
सुनते है जीने वाले रोते रोते जी लेते हैं
जब गम से थक जाते हैं, तो खुद पर ही हँस लेते हैं
कुछ इतना पीने लगते हैं कि गम तक को पी जाते हैं
तूँ साथ रहेगी मेरे तो हम सब गम दुख भी सह लेंगे
और आज यदि तूँ मुस्कादे हम हँसते हँसते जी लेंगे
जीवन में खुशियाँ होंगी, फिर गम की ना कोई रात है।

धूप

रात की बात बाद ...ऊँगा, सुनलो पहले सुबह की बात
न जाने क्यूँ ऐसा ख्याल रह गया कि तुम आई थी रात मेरे पास
और अब सुबह उठा तो ऐसे लगा कि चिड़ियां नहीं तुम चहक रही हो
भोर की भुरभुरी खूश्बू ने नींद से जगाया
तो लगा तुम महक रही हो
मदहोश हुआ जाता हूँ मैं तुम्हारें दामन की खुश्बू से
नहीं ये तो कलियाँ चहक रही हैं मन चले भोरों के गाने से
सच बताओं यह तुम्हारा आँचल तो नहीं जो बार बार लहरा रहा है
अरे! ये तो मेघ हैं, घटा घनघोप है,
नहीं है तेरे गेसू कि मुझे बहका रहा है
शीतल पवन के झौंकों ने मुझे छूकर बहुत प्रेम से गुदगुदाया
मैं मजबूर हूँ करवट बदल कर जानने के लिए कि सच कहीं
तूने ही तो नहीं गुदगुदाया
गाओ गुन गुनाओं प्रिये, तुम मेरे मन का सुर, गीत और संगीत हो
अच्छा! भोर गा रही है गीत, तुम निभा रही हो प्रीत,
तुम मेरे मन मीत हो
आह! कितना मजा आया, कि तुमने अधरों से
अधरों को छू डाला
उफ्! ये अधर नहीं कोई फूल है,
और डाली की भूल है कि झुक कर सलाम कर डाला
देखो मत सताओ, सुबह में थोड़ा सोने दो कि
मेरे कानों में मत फुस फुसाओ
किन्तु यह क्या, तुम नहीं सुबह की हल्की धूप है
जो कह रही जागो और उठ जाओ।

खत

कुछ दिनों के लिये तो खत ही जीने का सहारा है
रहम कर ए मजहबी, मुझ से इस तरह मत छीन मेरी जिन्दगी
सब देख रहे है कि जीने के लाले पड़ गये हैं
लेकिन कौन जानता है तेरे सिवा, तेरा खत बन गई मेरी जिन्दगी
कुछ दिनों के लिये मैंने खुद को समझा लिया, तूँ दूर रहेगी
मैं और करीब खिंचता चला जाऊँगा, तूँ पास न आयेगी
यह भी जीवन का एक खेल है, मुझे आँख मिचौली
से भी प्रेम है
तो भी आवाज तो दे, बुला तो ले, तेरे खत का भी इन्तजार है
या सिर्फ सतायेगी
माँगने को तो बहुत कुछ माँग सकता हूँ, तूने जो हक दिया
और यह भी जानता हूँ, तूँ खुशी से सब कुछ देगी,
तूने भी जो प्यार किया
अब तेरा क्या जो तूँ मुझे दे और मेरा क्या जो मैं तुझे दूँ
फिर भी खत माँगता हूँ, तूँ भी तो जानती है तूने इकरार किया
हम बेताब रहते थे मिलने को, तब भी तुम मिल जाती थी
मैं भर लेता था आलिंगन में, तुम भी गले मिल जाती थी
हकीकत सपने बने हैं जिन्हे भविष्य के लिए मैंने संवार रखे हैं
अभी जो हम पर गुजर रहीं है वो हाल तुमसे छुपाये रखे हैं
और आज एक खत के खातिर हमसे इतनी मिन्नतें करवा रही हो
और तब मेरा एक खत पाने की सूरत में और खत लिखने
के वादे करती हो।

सरेआम

फासला है मीलों का, सैकड़ों में हजारों में
मजबूरियाँ है इतनी कि लाख चाहूँ तो क्या
छू भी सकता नहीं
लेकिन हौंसले इतने बुलंद हैं कि
छूने लगता हूँ आसमाँ तेरे ख्याल से
तूँ कितना ही छुपले छुपाले
फिर भी सुन लेता हूँ शोर जो उठता है दिले जहान से
हकीकत कहेंगे तो तुम्हें यकीन नहीं होगा
तुम्हें यकीन हो या न हो हम गलत नहीं कहते
हम तेरा दीदार कर लेते हैं हर एक सुबह हर एक शाम
कभी कभी तूँ रूठती है तो हम मना भी लेते हैं
तुझे खबर हो या कि ना हो तुझे प्यार भी कर लेते हैं
और होले से सरका देते हैं तुझ तक प्यार का पैगाम
तूँ रात छुपने के साथ प्रभात बन जाती है
और जब तूँ थकने लगती है तो दिन ढ़लता है
फूलों की भीनी भीनी खुश्बू बताती है
कि चमन में तूँ आई है सरे आम
हँसी है हँसाया है, कलियों को खिलाया है
झूल कर बाहों में मेरी सारे चमन को दिखाया है
कहती है सितारों की रात कि चमकेगी गगन में
बनके चाँद सरेआम।

शहनाई

तुम मेरे जीवन की खुशबू, उपवन की महक बनी रहना
रंग बिरंगे फूल खिलेंगे, तुम काँटों में खिल जाना

ओस बनो तुम फूलों की, फूलों के रंग तुम्ही से हैं
कलियों ने तुमसे सीखा है, दुख सहकर भी हँसते रहना

तुझे देख कर लगता है कि चाँद नहीं तूँ चमकेगी
तूँ ही है इतनी शीतल कि रातों में भी महकेगी

नहीं रहेगी रात अंधेरी और ना राही भटकेगा
घाव भरेंगे पलभर में जब तेरी खुशबू बिखरेगी

तुझे देख कर यह जाना कि नदिया भी होगी भोली
जब तुम नदिया सी चंचल हो और लगती हो बिल्कुल भोली

हाँ लचक बहुत दोनों में है, दोनों लहरा कर चलती हो
और मन भी है इतना निर्मल, जितना नदियां का है पानी

तुम पौधों की हरियाली, या उपवन की हो पुरवाई
आँखों को ठंडक देती हो गुलशन में खुशियाँ ले आई

सावन की बिजली बन कर तुम मेघों में नाच दिखाती हो
बनके बरखा जब भी बरसी, घर मेरे गूँजी शहनाई।

दो जिस्म एक जान

जब तुम प्यार से सिमट जाओगी हमारी बाहों में
हम सारी जिन्दगी लुटाया करेंगे तुम्हारी राहों में
आओ करीब आओ इतना कि श्वास श्वास में घुलने लगे
दो जिस्म एक जान बन जाये ऐसे कि जिस्म भी एक लगने लगे
ये तमन्ना है कि मैं हाथ बढ़ाऊँ और छूं लूँ तुम्हे
चली आओ सिमट जाओ बाहों में मेरी भर लूँ तुम्हें
किस सोच में डूबी हो भला, भूलो जमाने की खता
इजाजत नहीं मिलती यहाँ, ये जमाना सदा रोकेगा हमें
आज एक मुद्दत के बाद रोशनाई रोशन हुई
कह सकूँगा ना लिख सकूँगा तब भी ये हिम्मत हुई
कह दिया है तारों को तुम शब्द बन कविता में आना
लिख रहा हूँ जिसको मैं वो खुद मेरी कविता हुई
तुम रात की हो चाँदनी या दिन में तरूवर की छाँव
मेरे लिये हो रात रानी भर दिये सब दिल के घाव
आज उस पथ पर चला हूँ जिस राह पर तुम भी चली हो
हम एक दूसरे की हैं मंजिल और मिले जुले हैं दिल के भाव।

हमसफर

काश मिलती एक जुबाँ तो दिल भी करता कुछ बयाँ
जीने के काबिल हो गया हूँ ऐसी दी तूँने सदा
मेरी खुशियाँ मिल गई ऐसा मिला है हम सफर
अब नहीं मुझको शिकायत, ले जा दुआऐं ऐ जहाँ
तुम हो कविता मेरे दिल की भाव मन के हो सखी
तुम हो पूजा मैं पुजारी तुम बहारों सी खिली
तुमने दिया जो प्यार, मुझको वो नशा मुझको हुआ
तुम ढ़ली हो कागजों पर बन के भावों की कली।
तुम हो कविता या हो तुम कविता की जननी
तुमसे प्रज्जवलित है मेरे दिल की सोई अग्नि
साँझ सवेरे याद करूँ सोते जगते फरियाद करूँ
बनके कविता बहती रहना होगी रोशन दुनियाँ अपनी

साज़

मेरा अनुभव है तुम तुम नहीं मेरे जीवन की खुशियाँ हो
तुम्ही मौसम और तुम्ही वादियाँ हो
मुझे संगीत सब कुछ लगता था
संगीत में खोना भी मुझे भाता है
साज और स्वर इनको भी खूब पहचानता हूँ
लेकिन तेरे जिस्म से उठती तरंगों का संगीत जो सुन लिया
तो उसकी धुन और थिरकन के आगे
संगीत सुर और साज सब बेजान है।
गुलशन और गुलाब, कलियाँ और बहार
इनकी महक, इनका रूप और श्रृंगार
मेरा भोला मन मोहने के लिये बहुत होता था
लेकिन जब से एक निराला हँसता हुआ फूल
तेरे चेहरे में देख लिया
तेरे गेसुओं से उमड़ती हुई महक का
मन ने मजा ले लिया
ये गुलशन ये उपवन मेरा प्यार खो बैठा।
आसमाँ में खिलता हुआ चाँद मेरा मेहबूब होता था
और तारों भरी रात होती थी बारात
चाँदनी महबूब का आँचल बन कर
मुझे जगाया करती थी सारी सारी रात

मेरे महबूब जब से तुमने चाँद बन कर
    आँचल को लहराया
चाँद देखने के बहाने छत पर चाँदनी में
    तुझे देखा और तुझे संवारा।
तरंगों उठो,
    मेरे दिल के साज पर एक नया सुर छेड़ कर
    मेरी नस नस में संगीत का जाम भर दो
आओ चले आओ इतना करीब
    कि महक नशा बन जाये
    चेहरा फूल बन कर खिल जाये
पूर्णिमा आये न आये तुम चले आना
    मीत मेरे तुम हो मितवा, आँचल को लहराना।

ऐ शाम

ऐ शाम! तूँ आई तो सही लेकिन उदासी लेकर
खुद के रंग में उनकी यादों को रंग दिया
हमैं बैचेनी देकर

उनका ख्याल आता है एक खूबसूरत तस्वीर बन कर
उदासी मन पर छा जाती है, शाम का धुंधलका बन कर

बहुत कोशिश करते हैं कि शाम उदास न कर पाये
ख्वाबों से खेलने लगते हैं कि हकीकत उजागर न हो पाये

ख्यालों से कहते हैं कि देखो मन उदास न हो पाये
बिलखने लगता है मन तो हँस देते हैं हम इसिलिये कि
मन का भेद कोई जानने न पाये

शाम तूँ ही तो आकर बताती है कि वे बहुत दूर हैं
मन के कितनी भी पास क्यूँ न हो अभी वे मजबूर हैं

तुम भी तनहा वे भी तनहा और शाम की तनहाइयें मशहूर हैं
किसी को उदास करके शाम भी खुश नहीं
किन्तु शामें भी मजबूर हैं।

प्रसव पीड़ा

मेरी कविता की किस्मत कि सिसकती रहती है
बहुत चाहता हूँ कि जन्म ले तो खुशी के साथ
चमन में बहार आ जाये और फूल गुनगुनायें
लेकिन देखता हूँ कि कविता के जन्म के साथ
चमन मुरझा जाता है कलियाँ छितर जाती हैं
मेरा मन जो खुशी से झूम उठना चाहिये
कविता का एक एक शब्द फूल बनकर खिल जाना चाहिए
कविता काँटा बनकर चुभती रहती है
मन की पीड़ा आँसुओं की धार बनकर बहती रहती है
कविता क्या वैसे ही जन्म ले लेती है
नहीं, इसकी भी प्रसव पीड़ा असह्य होती है
खुद कविता के हाड़ मांस या खून कुछ नहीं होता
किन्तु कविता बनाने में सब कुछ लग जाता है
खुशी से प्रसव पीड़ा भी उठा लेता हूँ
इस उम्मीद से कि चाँद सा मुखड़ा देख लूँगा
तो सारे गम गलत होंगे
और जब कविता खुशियों का मजार बन जाती है
तो मजार मुझी पर हँसती रहती है

ये कहानी है बदनसीब मेरे कविता की
जो न सुनने लायक है ना सुनामे लायक
केवल दुख में पलने और पालने लायक
जिसके जन्म के साथ मौत के साये मंडराते हैं
बदनसीबी जिसे सारी उमर घेरे रहती है
जन्म लेने के साथ कविता मरने को तैय्यार रहती है।

यादों का दायरा

यादों का अलग अलग दायरा सोचने की सीमा निर्धारित करती है
एक समय तक गये जमाने की यादें भविष्य के सपने संजोये
चक्कर काटती थीं

कुछ याद करने के लिये कम था सोचने के लिए अधिक
पूरी जिन्दगी खूबसुरत ख्वाबों के इर्द गिर्द घूमती रहती थी

सुनहले सपने साकार होने का इन्तजार था
मन खुशियाँ से खचाखच भरा रहने लगा

तुम्हारी दुआ से वक्त की इनायत हुई
जमाना खुद बखूद पीछे हट गया

मुझे विश्वास नहीं हुआ कि एक दिन मेरी मंजिल
खुद चल कर मेरे सामने आई

मेरी कल्पना से भी खूबसुरत मेरी मंजिल
ऐसे हाड़ मांस की सुन्दर इमारत देखने का जिन्दगी में
पहला मौका था

संगमरमर को उसके सामने मोम की तरह पिघलते देखा
उफ! मैं कहाँ से शुरु करूँ और कहाँ खतम

असली रात का राज उस दिन जान पाया
हँसी हँसी में जब तेरे गेसू खोल कर खुदके हाथों से बिखेर दिये थे

उनमें से झाँक कर तूने देखा तो देखा कि
उस रात चाँद भी निकल आया

दिल को जख्मी, कटार से काटती हुई,
शरारती आँखें तो हँसती ही रहीथी
लबों को लब छूने की इजाजत मिली थी
नजर फिसलती गई फिसल कर भटकती गई

तो जो देखा वो आज तक की सारी कल्पनाओं से परे था
सुन्दरतम उपहार, जिन्हे देखा तो
सारे तो साज एक साथ गूँज उठे
एक ही पैमाने में पूरी मधुशाला उफनने लगी

महक फैली तो इस कदर कि रूँ रूँ
नथूने बन कर फन फन करने लगे
तब से मेरी जिन्दगी ने सबकुछ हाँ सब कुछ पाया है
आज फिर वहीं सब कुछ पाने के लिए रोम रोम उदास है

खाली बाहों की तरफ अब देखा नहीं जाता
कल्पना जड़वत हो गई और यादें चेतन
मेरे हर रूँ ने तेरे हर रूँ से मोहब्बत जो की
कभी पतझड़ ही पतझड़ था और बसन्त लुभाता

फिर बसन्त भी आकर चला गया तो पतझड़ भी चला जायेगा
आज मन याद करके उदास है

कल यही गुलजार होगा जब तूँ लौट आयेगी खुद के आँगन।
फिर से हम हम ना होंगे तुम तुम ना होंगे और खेलेंगे फागुन।

बहुत समय तक दूर रह लिये अब तो पास बुलाओ भी
रातों को नींद नहीं आती यादों का दिया जलाया

कहाँ खो गये क्यूं खो गये क्यूँ इतना मुरझाये हैं
बिन तुम तो सब कुछ ही खोया बोलो कब पास बुलाओगी।

खत आयेंगे खत जायेंगे तेरी याद दिलायेंगे
श्वासों में मेरी बसी हुई हो तब भी याद दिलायेंगे

तुम हँसती हो तो खिलती हो जैसे कलियों का खिल जाना
श्वासों श्वासों का टकराना वो चुम्बन याद दिलायेंगे।

बसन्त

तेरी अंखियों को चूमूं तेरे अधरों को चूमूं
अब ये मुमकिन नहीं है कि एक पल भी तुझको भूलूँ
ख्वाब तुझ से बने हैं, दिन में भी ख्वाब तेरे
यही तो सच है प्यारे यादों में तेरी झूलूँ
देख सुहानी धूप खिल गई तेरे हँसते ही बाला
पिघल गया यौवन बसन्त का जैसे छलक गई हाला
तूँ हँसते हँसते बहक गई मैं बहक गया देखा हँसते
चटक चटक कलियाँ चटकी कोई फूल खिला एक मतवाला।

जुदाई

कुछ दिनों तक गर ना मिले भी तो क्या
    सपनों में दीदार होता है
तुम वहां हम यहाँ तब भी आँखों
    में इजहार होता है
कभी तुमसे लिपट जाते हैं कभी तुममें सिमट जाते हैं
    जरा सा जुदा होकर देखा तो आसमां ज़मी पर फटा होता है

कोंपल

देख रहे इस धरती को जो थी निर्जन और सूनी
यौवन था खूबसुरत थी लेकिन थी सूरत रोनी
सुन्दर सूरत के आंगन में हँसी नहीं थी धूप खिली
तब भी मुस्काई सब कुछ सहकर ऐसी थी एक कली
इसे प्रतीक्षा थी उस पल की जब इसका श्रृंगार खिले
धूप खिले बरखा बरसे और सुन्दर सा एक फूल खिले
बसन्त बने यौवन इसका सावन लहराये बन आँचल
माँग भरे नभ तारों से और फूल खिले उसके आँचल।
तीव्र तपस्या थी इसकी ये अबला थी या थी धरती
बहुत मिले थे श्राप इसे रह रह कर फटती छाती।
आई जब अबला बन कर या धरती बन कर है जीती
सारे दुख सह लेगी हँसकर सीता बन कर है जीती ।
यौवन आया अब बन बसन्त अब तारों ने है माँग भरी
जो थी कल तक यूँ बे पनाह इसकी होगी अब गोद हरी।
लो फूट गई कोंपल तन से जब ऐसा सुन्दर प्यार मिला
वो आज बन गई माँ ममता आँचल में एक फूल खिला।

सूना आंगन

जब से तुम मुझसे दूर हुई, सूना है मेरा आंगन
ये तपती लू, बंजर धरती, ऐसा है मन ऐसा आंगन
मेघों ने मन को जान लिया तो चुपके चुपके बरस पड़े
यूँ कहने को मौसम अच्छा, आँखों में बसा हुआ सावन।

किसे कहूँ मैं, है अपना और किसे कहूँ बेगाना है
काँटों ने हँस कर साथ दिया, फूलों को मुरझाना है
मैंने अपनी चाहत का, गला रेंत कर घोंट दिया
बेगानों से हाथ मिला, अपनों का जहाँ भुलाना है।

ये जीने का था सुख ऐसा, जिसको जीवन ने छीन लिया
युग लगता था पल जैसा, अब पल पल हमने बीन लिया
दिन रातों की काली शैय्या, और रात अंधेरी मरघट है।
मौत बनी सावन की वर्षा, जिसने हमको जीत लिया।

आह नहीं है चाह नहीं है, जीवन को विश्राम नहीं है
सांसों में अब आग नहीं है, फिर भी उनमें ठार नहीं है
देखें कब तक दौड़ लगेगी, मरने की जो होड़ लगी है
जीने में कोई जोश नहीं, मर कर भी अब चैन नहीं है।

फूलों के रस तो सूख गये, काँटों में भरी जवानी है
मन के मन्दिर क्यूँ टूट गये, सीने में आग दबानी है
लपटों में ठंडक छुपी हुई, शोले है दिल में दबे हुए
भावों में भड़की अग्नि तो कविता की नई जुबानी है।

अब कविता नहीं कर पाऊँगा, भाव सभी जो रूठ गये
मन मन्दिर था मन मंगल था, मन में काँटे उग गये
अपनों ने ऐसा दिल तोड़ा, हँसी खुशी यूँ रूठ गई
नयनों का पानी सूख गया, क्यूँ सपने सारे टूट गये।

आज कली हूँ, फूल बनूँगी, भँवरों को रस दान करूँगी
महक बनी हूँ, इत्र बनूँगी, स्वर्ण प्रभा का त्याग करूँगी
भाव बनेंगे मन की पीड़ा, शब्दों को ऐसे ढालूँगी
कविता नयनों से टपकेगी, दिल दरिया दुख का गान करूँगी।

(खंड - 3)

काव्य-कुमुद

यादें भुलाने छोड़ा शहर

मेरे अपने शहर को मैंने छोड़ दिया है कुछ दिनों के लिए
इसके लिए एक बहाना भी निकल आया
मैं खुश हूँ कि कुछ दिनों में लिए मैं आजाद हूँ
जो मेरे, मुझसे अधिक समीप हो चुकी थी
उन सब नज़रों से भी दूर हूँ।
मेरे अपने शहर में मैं घुटने लगा था
मेरे अपनों में मुझे बेगाने नजर आने लगे
दिल की तड़प आकाश को छूने लगी थी
हर फूल में काँटे नजर आने लगे
वो ही राहें, वो हीं दिवारें, एक से दिन और एक सी रातें
धरती और आकाश मैं भी कभी कोई फर्क नहीं
मुझे गुस्सा आता मेरे शहर के रहने वालों पर
सब कुछ वैसा ही रहता है तो वो ही क्यूँ बदल जाते हैं
परिचित अपरिचित, दुश्मन दोस्त, रिश्ते नाते
दिखने में वैसे ही बने रहे हैं
लेकिन बदल जाते हैं वो सिर्फ आँख पलट जाते हैं
सुबह होने से रात होने तक जिसको जैसा देखा, उसको वैसा ही पाया
सब कुछ जड़ हो चुका है
पूरा का पूरा शहर पतझड़ हो चुका है।
मैं खुश हूँ मैं वो सब कुछ पीछे छोड़ आया हूँ
मैं एक बार फिर खुद के समीप लौट आया हूँ

ये शहर टूटा है फूटा है लेकिन मेरे लिया नया है
हवा में सुगन्ध ना होगी लेकिन वैसी दुर्गन्ध भी तो नहीं है

धरती और आसमान वैसे ही होंगे
लेकिन फिर भी अनजाने हैं

फूलों और काँटों की परिभाषा वही होगी
किन्तु इनके स्पर्श में चुभन कम है

यहाँ मैं जानता हूँ मेरे अपने कोई नहीं, पर यहाँ बेगाने भी तो नहीं
इसलिये मैं अपने शहर को एक हद तक भूल चूका हूँ

लेकिन काश शहर और तेरे साथ
तेरी यादों के साये भी बेगाने हो जाते

मैं तेरी यादों के चिराग बुझाने में सफल हो जाता
बुझे हुए चिराग के धूएँ में तुझे और तेरी बेवफाई को भूल जाता

फिर चाहने पर भी तेरी शक्ल अंधेरे को नहीं चीर पाती
तेरी सूरत की रेखायें छूटे हुए शहर की सीमायें नहीं बन पाती

जिसे मैं कुछ दिनों के लिए छोड़ चूका हूँ
किसे बताऊँ तुझे सारी उमर के लिए खो चूका हूँ।

बिछोह

जिन्दगी के एक मोड़ पे तुम हम से मिल गये थे क्यूँ
एक दूसरा जब मोड़ आया तो बिछड़ गये हो क्यूँ
एक मोड़ आगे और भी है शायद टकरा न जाये हम
इस बार गर टकरा जाओ तो फिर नहीं बिछुड़ना तुम
मेरा दिल बेजान है तुम इसमें जान डालो
मैं अब भी कायल हूँ तुम्हारा तुम मुझे पहचान लो
लम्बी बहुत है जिन्दगी ऐसे क्यूँ हैरान हो
तुम परेशां यूं न हो मेरी जान हो अब जान लो।
तेरी बगियां में फूल खिलेगें और हँसेगा ये उपवन
तुम्हे मुबारक हर एक लम्हा हमें मुबारक अपना गम
बहार रहेगी उपवन में और फूल हँसेंगे यूँ हर दम
आँगन तेरा महकेगा और खुशियाँ बरसेगी रिमझिम
हम भी होंगे आस पास ही चाहे भूल जाओगे तुम।
जिस चाँदनी की थी प्रतीक्षा आज क्यूं डसने लगी
दिल के घावों को छुआ तो चाँदनी हँसने लगी
ख्वाब अब तक जो पिरोये चाँदनी ने हर लिये
मन के अंधेरे मौन को भी चाँदनी की शै लगी।

गिला

किसी ने सोते को जगा दिया
कुछ लिखने वाला था कि उसने मुझे भुला दिया
मैं चाहता था उन्हें सम्बोधित करके लिखूं
उसने बताया जिसे मैं लिखना चाहता हूँ उसने मुझे भुला दिया
उसने कहा तो मुझे भी शक हुआ
मेरी वफाई पर नहीं, उनकी वफाई पर
मुझे उनकी वफाई से क्या लेना
मुझे मेरी वफाई पर गुमान है
यह किसी की किस्मत कि कोई बेइमान है।
मुझसे खफा हुए तो कोई बात नहीं
यह तो बता दिया होता मेरी खता है क्या
गले लगा लिया तो क्या ये गुनाह किया
तुम्हारी बेरूखी से मैं आबाद हूँ ये गिला है क्या?

जोड़ा दिल - तोड़ा दिल

मैंने दिल को जोड़ा था, तुमने दिल को तोड़ा है
मैंने फूल खिलाये थे पर तुमने बाग उजाड़ा है
रोते को चूप ना कर पाये गिरते को नहीं उठाया है।
फिर हँसते रहने वालों को क्यूँ बेकार रूलाया है।

तुमसे तो कुछ ना हो पाया मैंने ही तुमको अपनाया
पत्थर का दिल था बना हुआ जिसमें भी मैंने रस पाया
हार वहीं जाता गर मैं तो आज कहाँ के तुम होते
और कौन बहाता है ये आँसू और कौन लगाता सीने से

तुम दिल को दिल समझो थोड़ा कि दिल से मत खेलो ऐसे
आखिर तो दिल ये दिल ही है दिल को ना तुम तोड़ो ऐसे
जिस दिल ने सब कुछ दे डाला तुम भूल गये उसको कैसे
इस दिल पर रहम करो थोड़ा दिल तुम मैं भी होगा वैसे

तुमको लेकर बदनाम हुया तुमको लेकर गुमनाम हुआ
खुद अपनी हस्ती खो बैठा पर तुम पर ना अहसान किया
मैं हंसते हंसते रो बैठा, मैं मेरी दुनियाँ खो बैठा
खुद अपने दिल से ही पूछो इस दिल का क्या अंजाम हुआ।

खुश दिखते चेहरे रोते हैं, रोते रहते भी हँसते हैं
नहीं दिलों के अफसाने चेहरे पर अंकित होते हैं
जुबां कहेगी अफसाना इसकी तुम आशा मत रखना
कुछ दिल ऐसे होते हैं जो चुपके चुपके रोते (सहते) हैं।

मुझको जीते जी दफनाया, तुम खुद तो जीना सीख गये
एक सहारा था सपना लेकिन अब वो भी टूट गये
दिल के चाहत की होली में सब अरमानों को झौंक दिया
इस दिल का नहीं निशां होगा जिसके टुकड़े भी बिखर गये।
मेरे दिल को किसी के प्यार का सहारा था
मुझे गुरुर था इस बात का कि मुझे उसके प्यार पर नाज है
मैं उसे दिल के इतना करीब देखना चाहता था
कि मुझे कुछ भी दिखाई नहीं दे
अगर कुछ दिखाई दे तो मैं उसमें वो मुझ में दिखाई दे।
सपने देखने में मजा आता था, प्यार को भी सपने में साकार किया
उसको एक ऐसी सूरत दी जिसकी कोई मूरत ना थी
उसे घंटों सँवारा करता था और सपनों में खो जाता था
आह कितने सुखद थे वो सपने
जिनके सहारे जीवन बिता देना चाहता था।
मैं उसे ही सही समझ बैठा जो क्षण भंगुर भी नहीं
सपनों को अपना समझ बैठा जो किसी के भी नहीं
सपने तो टूटने थे टूटे, सपनों के संग मैं भी टूटा
लेकिन न जाने प्यार क्यूँ रूठा।

गैर

हम जो थे अपनों में जिनके, आज क्यूँ कर गैर हैं
क्या खता हमसे हुई जो मानते वो गैर हैं
कौन किसका साया था और कौन किसकी जान है
कुछ भी अलग है ही नहीं फिर क्या है जो कि गैर है।

यह तो माना सत्य है कि वो सुगंधित फूल हैं
वो चमन के हैं गुलाब तो हम चमन के शूल हैं
प्यार दुनियाँ का मिलेगा फूल को ही बार बार
फूल माने अलग काँटों को तो उनकी भूल है।

याद स्वर्ग का पैगाम

मुझे याद नहीं कब से तुम मेरी यादों में बस गई
शुरु शुरु में तुमसे जुदा होने पर तुम्हारी हँसी मुझे हँसाती,
फिर कभी कभी ऐसे भी होने लगता कि
बैठे बैठे तुम्हारी बातें याद आने लगती,
लेकिन तब तब ऐसा कुछ भी नहीं था कि
तुम मेरे सपनों में भी आने लगती।
धीरे धीरे कैसे क्या हुआ या सब कुछ अचानक ही हुआ,
लेकिन ऐसा अवश्य हुआ कि,
तुम सपनों में भी बेधड़क आने लगी,
और मुझे रिझाने लगी।
मैं इसे आँख मिचौली समझने लगा,
तुमसे यह खेल खेलने लगा, कि इस खेल में मजा आने लगा।
इसके साथ ही तुम्हारी यादों का सिलसिला शुरु हुआ
अब जब तुम याद आने लगी हो आती ही जाती हो।
तुम्हें यह भी ख्याल नहीं,
तुम्हारी याद मुझे कब अच्छी लगती है।
कब हँसाती है या सिर्फ रूलाती है।
ऐसा भी क्या सिलसिला जो खत्म ही ना हो,
सुबह हो या शाम, दिन हो या रात,
आठों पहर जकड़ लिया
हँसने तो क्या रोने भी ना दिया।

मैं जिसे दिल्लगी समझ बैठा,
वो ही आज दिल का रोग हुआ।

तुम्हारी हर वक्त की याद ने मेरी सूरत ऐसी बना दी
जिसे मैं भी पहिचानने से इंकार करता हूँ।
खुद से ही डरने लगता हूँ

दर्पण को मेरी सूरत से डर लगता है
परछाई भी मुझसे दूर रहने लगी है।

तुम अच्छी तरह से इस बात को जानती हो,
मुझे इस हाल तक लाने में तुम्हारी याद का ही हाथ है।
तब भी यादों का यह हाल है।

तुम्हारी नफरत के बावजूर वो मेरे पास आती है,
अधिक रूलाती है तो कभी हँसाती भी है।

तुम्हारी तरह न तो वे बेवफा है,
न बिछुड़ती ही है।

तुम कितना भी गुरुर करो,
यादें तुम्हें हर दम मेरे पास रखती हैं।

तुम्हारे जो बस में था तुमने कर लिया,
खुद को मुझसे दूर रख लिया।

मैंने जो मेरे बस में था वो ही किया,
तुम्हारी यादों को दिल में समा लिया।

यादें ना झूठ बोलेगी ना धोखा देगी
मुझे जीने का एक और मौका देगी।

मैं उन्हीं को साक्षी मान कर कहता हूँ
तुम मुझे अब भी वैसी ही लगती हो।

तुम्हारा वैसा ही रूप सलोना है तुम वैसी ही भोली लगती हो।

मेरे प्यार में कभी कमी आ जायेगी

ऐसा तो तुम सोचना भी मत

तुम्हारी यादें कभी मुझसे बिछुड़ जायेगी

यह कभी हो नहीं सकता

जब तक जिन्दा हूँ हर श्वास का स्त्रोत तुम्हारी याद है

और मरने के बाद तुम्हारी याद स्वर्ग का पैगाम है।

पराया गम

तुझे कई एक मिलेंगे जिन्हें प्यार तूँ करेगा
जिनको सिर्फ देखा कभी इकरार यूँ करेगा

लेकिन वो कौन होगा जिसे तेरी चाह होगी
जो तेरे लिये जियेगा, सिर्फ तेरे लिये मरेगा।

तूने न फर्क समझा सबको गले लगाया
रूला रूला के दिल अपना हर एक को हँसाया

बातों में रस था इतना कि शक क्या किसी को होता
कि तूँ भी है गम से पागल किसने तुझे हँसाया

औरों के दुख ने तुझको कितना अधिक रूलाया
हर गम को समझा अपना हर गम से दिल लगाया

अब जब तेरी आई बारी दिल औरों के गम से जख्मी
गम तेरे कौन लेकर अपना है दिल रूलाया।

पहले कि इसके कोई आँखों से खुद की रोये
रो रो के तेरी आँखें है उसके मन को धोये

आँखों में आज तेरी हैं खून के ये आँसू
किसकी है आज आँखें जो तेरे लिये भी रोये।

आँखों की तेरी निंदिया तब तब ही उड़ गई
जब जब भी तूने देखा तेरी उनकी नींद उड़ गई

कैसी है अब ये रातें तूँ अकेले जागती हैं
कोई और नहीं है आँखें जिनकी नींद उड़ गई।

लोगों के घर अंधेरा देखा तो रोशनी की
खुद अपने घर अमावस पर उनको चाँदनी दी

तारों की रोशनी भी अब नहीं है तेरे आँगन
अब कौन देगा चाँदनी इस अंधेरे में ही जी।

उदासी

उदासी इतनी करीब से देखी है
कि सारी जिन्दगी उदास लगती है

हँसी भी हँसी तो होकर उदास
गमें जिन्दगी शरीक होती है

क्षितिज के उस पार देखो है क्षितिज कितना उदास
तुझे मौत भी ना मिल सकी और जिन्दगी नफरत करती है।

आज मैं हूँ बेपनाह नजरें उठाकर देख लूँ
कोई सहारा दे मुझे चारों दिशायें ढूँढ लूँ

आसमां तूँ दे सहारा सब सहारे ढह गये
या तूँ फट जा आसमां आँखें मैं अपनी मूँद लूँ

आज आहों के सिवा सांसों में कुछ भी है नहीं
आखों में आँसू रहते है जो भी बहते हैं नहीं

जिन्दगी है बेवफा जो मौत भी ना दे सकी
ले चीर ले अब दिल मेरा एक खून का कतरा नहीं

चरमराती जिन्दगी कब तक जियेगी ये बता
फिर ना शायद मैं मिलूँ तूँ दे मुझे पूरी सजा

लड़खड़ाती श्वास है जिसका भरोसा अब नहीं
और कितना वक्त गुजरे इसका नहीं कोई पता

बसन्त को देखा कभी तो दूसरों के बाग में
जब भी भ्रम टूटा तो पाया पतझड़ है मेरे बाग में

काँटों को हाथों से है सींचा फूलों का उसमें दोष क्या
वो ही दिया है जिन्दगी ने जो बदा था भाग्य में
एक साथी की तमन्ना को लिये में जी रहा
अनगिनत ख्वाबों को दामन में लिये मैं फिर रहा

इन्तजार मुझको है उसका हर जिन्दगी के मोड़ पर
उसके ही खातिर मौत का मीठास छोड़ा
ज़हर जीवन पी रहा।

यह चिलकती धूप किसी चाँदनी से कम नहीं
यहाँ तहाँ दुपहर का बिखरा सूनापन सूनी रात से कम नहीं

रात के अंधेरे में राही भटकते हैं
दिन के उजाले में राही बिछुड़ते हैं

कोई भी स्थिति में फर्क है ही नहीं
दिल की उदासी किसी ने कम की हो

चाहे वो रात हो या दिन हो
या होटों पे मुस्कान आ गई हो
फिर चाहे सुबह हो या शाम हो

तो मुझे भी चाँदनी ठंडी लगती
प्रभात की बेला मन लुभाती

नहीं तो कड़कती धूप ही अच्छी है
चाँदनी से कम दहकती है
मन झुलसता दोनो से है

चाँदनी और धूप दोनों मन सी झुलसती है
कहते है दिल तड़पता है, शाम में या रात में,
या फिर बरसात में

यहाँ तो मन झुलसता है दोपहर की ठंडी आग में
भटकते दिल सो नहीं पाते कितनी भी गहरी रात हो
गिनते रहेंगे आसमां में तारे भले ही चार हो

दुपहर की धूप उन्हीं के साथ ही तो खेलेगी
मन की मर्जी ना सही फिर भी तो मन पे फैलेगी

दिल का सूना पन सुबह का हो या शाम का
दुपहर का हो या रात का

अकेला छोड़ जाता है, धीरे से गुनगुनाता है
कब तक दिल कैद रखोगे, सुनलो धड़कते दिल की बात
बगावत के लिए मजबूर ना कर ना रूकेंगे दिन और रात

मौसम बदलते रहते हैं ढ़लती रही है उम्र भी
राहे खत्म हो या ना हो, ढूँढले मंजिल कोई भी।

प्यार गुनाह से बदतर गुनाह

सुना था प्यार एक गुनाह है
उम्र कुछ कुछ ढलने लगी
हाथों से गिरफ्त फिसलने लगी

तो ढ़लती उम्र का पैगाम है
कि प्यार गुनाह से भी बदतर गुनाह है।

प्यार का सम्बन्ध मन से सीधा है
उसमें किसी का क्या कसूर

मनुष्य तो मन से चलने वाला खिलौना है
मन की मर्जी है कि वो हंसता है या रोता है

और थक जाने पर मन स्वयं ही निराश होता है
अपराध मन का होता है सजा प्यार को मिलती है
बदनाम प्यार ही होता था बदनाम प्यार ही होता है।

इंसान का इतना ही कसूर है कि वह मन को मार न सका
खुद मन का सताये तड़पता रहा किन्तु मन को समझा न सका

जाने प्यार किस ख्याल का नाम है जिससे मन आबाद है
झूठी खुशियाँ झूठे गम सभी का मन आधार है
प्यार ही वह मीठा जहर है और प्यार ही गुनहगार है।

प्यार से तृप्त कभी संतृप्त ना हुआ
प्यार से अतृप्त कभी तृप्त ना हुआ

प्यार पाने वाला भी सदा प्यासा ही रहा
प्यार देने वाला भी सदा वैसा ही रहा

प्यार भूख है या भोजन है, तन है या मन है
खुशी है या गम है या कि सिर्फ भ्रम है

जहाँ तहाँ इस भ्रम के शिकार हुए पड़े हैं
बचपन में, जवानी में और ढ़लती उम्र में

प्यार कोई समझ नहीं सका
जन्नत में या जहन्नुम में।

सम्बोधन

मैं तुम्हें क्या सम्बोधन दूँ जो भी है अर्पण कर दूँ
सब रिश्ते लगते हैं फीके तुमको बस सपना कह दूँ

संसार नहीं ऐसा सच्चा जो सच्ची बात समझ लेगा
झूठे रिश्तों को नाम दिया मुश्किल तेरा जीना होगा।

कोई सोच नहीं सकता है कि कोई ऐसा भी हो सकता है
नहीं देखा है नहीं जाना है फिर भी नहीं अनजाना है

जिस दिन भी मालूम हुआ मैं तेरा भी एक साथी हूँ
तूने हँस के स्वीकार किया कोई ओर नहीं कर सकता है

निश्छल भावों से हँस कर के जब हाथ बढ़ा देती आगे
आँखों में हरकत होती है जो बात बता देती आगे

तुम खुद ही आगे बढ़ती हो मुझको भी हिम्मत देती हो
मेरा हाथ पकड़ के हँसती हो तो हँसते हैं कच्चे धागे।

कुछ भी श्रंगार नहीं करती फिर भी सबसे सुन्दर लगती
साजन के आने तक घर में बनके चकोर बैठी रहती

फिर तूँ है तेरा साजन है जैसे तूँ एक दिवानी है
बन के भोली तब प्रियतम की तूँ लिपट चिपट हँसती रहती

तुमने यह सब कैसे सीखा कि ममता कैसी होती है
कुछ दिन में ही ये जाना है तूँ ममता भी दे सकती है

हाथ पकड़ के अब चलना तो तुझको ही सिखलाना है
माँ बन के दुख को हर लेना तूँ ही तो कर सकती है

आँखों में छलकता है सागर सूरज सी चमकती है आँखें
खिलखिल कर जब भी हँसती हो तो क्यूँ थम जाती है सांसे

तुम से मुस्कान रहे कायम तुझसे दुनियाँ की सब खुशियाँ
तुम प्यार लुटाते ही रहना हर रोज खिलेगी नई कलियाँ

तुम प्यार की सच्ची मूरत हो मैं तुमको नाम नहीं दूँगा
रिश्ते दुनियाँ के अफसाने वैसा अंजाम नहीं दूँगा।

खुशबू

तुम्हें शब्दों से संवार नहीं सकता
क्यूँ कि मैं अपमान कर नहीं सकता

खुशबू ना छुई ना देखी जा सकती है
क्यूँ कि सिर्फ महसूस की जा सकती है

कितनों को यह पता है कि,
तुम वो नहीं जो तुम हो, तुम वो हो जो तुम नहीं

प्यार में परवाना हर एक बन जाते हैं पर अफसाना कोई नहीं
प्यार से छलकती आँखें मुस्कान से थिरकती है
जमाना ठीक ही समझा कि आँखें बातें करती हैं

दुनियाँ डरती है दामन दिखाने में क्यूँ कि दुनियाँ नापाक है
तुम डरती हो दामन छुपाने में क्यूँ कि दामन पाक है

तुम विचित्र होकर भी साधारण लगती हो
कारण हर नारी की तरह तुम भी एक नारी हो

अकेले में

मैं बहुत दिनों से चाहता था कि अकेले में कुछ बात करूं
मुश्किल था या आसान था किसी का तो इजहार करूँ
खुदी से कही बार कहा भी है
कैसा तूँ निर्लज है, है तो कैसा कृतघ्न
उन अपनों के लिये तो मुँह खोल दे
अधिक नहीं तो कुछ तो बोल दे
इसमें लज्जा किस बात की, तूने जैसा समझा वैसा ही कहदे
उनसे क्या शरमाना, जिनसे तुझे मोहब्बत है
उनका तूँ कायल है, जिनकी यादें पायल हैं
तो फिर गर इकबाल गुनाह है तो उसे भी मंजूर कर
जिस साथी के लिये तूँ नतमस्तक है
उसके लिये तो संशय दूर कर
तेरे प्यार की कसौटी मांग है तो उसके प्यार की कसौटी त्याग है
तूने कहा है किया नहीं, उसने कहा नहीं किया है
तेरे संग रहकर उसने जहर का घूँट पिया है
तूने जब चाहा, जैसा चाहा कहा, उसने वह भी सुना
सिर्फ तुझे खुश करने के लिये सब कुछ सहा
उसकी खुशियाँ बेकार है अगर तूँ नहीं मौजूद है
गम भी अधूरा है यदि तुझ से ना कहा।
लेकिन तूने ऐसे साथी को भी पहचानने से इंकार कर दिया

जिसने तेरे जिन्दगी की हर कमी को पूरा कर दिया
ऐसे प्यार, मोहब्बत और साथ को नजर अन्दाज करने वाले मन
बता अब तूँ ही बता तुझे क्या कहूँ
धिक्कारना काफी नहीं, समझाना आसान नहीं, मरजाना मुमकिन नहीं
तो बेहतर यही है तुझसे कुछ ना कहूँ
मेरे मीत! मैं खुश हूँ मेरे मन की यह फरियाद है
तूँ उसे उसको सारे गुनाहों के लिये माफ कर
मन भी तेरे जैसा निर्मल है निश्छल है, इस बात का अहसास कर
तूँ किसी दिन इससे रूठ मत जाना,
नहीं तो निश्चित है मनका टूट जाना
तुम रूठ जाओगे, मन टूट जायेगा, मैं किधर जाऊँगा
क्या इसका भी कोई है ठिकाना।

खुद राह बनूँगी

मुझे सब कुछ तो याद है
यही तो तकलीफ की बात है

मैं भी तुम्हारी ही तरह भूल जाती
तो कौन सा अनर्थ हो जाता

फिर यादें तुम्हीं से तो आबाद है
मैं अकेली ही क्यूँ लड़ती
क्यूँ अपने दिल को दुख देती

तुम अपना हिस्सा ले लो तो मुझे भी चैन मिलेगा
अब मुझ में वो शक्ति नहीं कि मार वहन करती रहूँ

तुम्हारे साथ रहने से वक्त कुछ ऐसा कटा
कि समय बर्फ की तरह पिघलता रहा

हम तुम भी पिघले बर्फ के पानी में बहते रहे
पीछे मुड़ कर देखना अच्छा नहीं लगता था
शायद उससे भयभीत होने का खतरा भी था

किनारे कटते रहे, हम भंवर में फँसते रहे
कोशिश करो कुछ याद आयेगा

बीता वक्त अहसास करायेगा
चंद दिनों की ही तो बात है, भोर फटने के साथ तुम निकल

कोई विश्वास करेगा मैं कमल की भांति खिलती थी
तुम सूरज थे तो मैं सूरज मुखी थी

उपवन होता था, तुम होते थे और मैं होती थी
चारों और कुदरत हँसती थी

शाम होते होते होता था समुद्र का किनारा
वहाँ तेरी मेरी कविताएँ जन्म लेती थी

परस्पर मन और शरीर कूँपल फूटे बीज से एक होते थे
संगीत से भी परिचय वहीं हुआ

दिल का एक एक तार सुर मिलाने में सफल हुआ
अंधेरी रात में रोशनी तुमसे होती
तुम्हीं से चाँदनी रात में खुश्बू होती

मैंने उस एक एक पल को चुराया
जब तुम चाँद और मैं चकोर होती

तुम्हारे सीने में सिर छुपा लेने पर सब भय मिट जाते
गोद में माथा रख देने पर ममता मिल जाती

तुम्हारी फैली हुई बाँह जब मुझे सिमटना चाहती
तो उस अपार शक्ति से मैं वशीभूत हो जाती

कितने आलिंगन कितने चुंबन
लहरों की सरगम में डूब जाते

किन्तु अनगिनत तारे चुपके से फिर भी देख पाते
जुदाई का एक पल असहनीय था
तेरा मुझसे लगाव बहुत ही सराहनीय था

लेकिन आज बात कुछ ओर है
मैं नहीं तो क्या तूँ तो गैर है

किसे दोष दूँ
मैं होश में हूँ
वक्त तब भी कटा
वक्त अब भी कटेगा

सुख से या दुख से
तुम्हारे पहलू में या कि यादों से

अब से यह होगा मैं राहे हूंगी मंजिल कोई ना होगी
पतझड़ ही पतझड़ होगी बहार कभी ना होगी

कितना बड़ा है भुलावा
कहने में दिखने में तुम अब भी वैसे ही हो

यह अपने आप में धोखा है कि तुम परेशां नहीं हो
तुम परेशां हो इस बात को लेकर

कि मुझसे कैसे किनारा किया जाय
दामन नहीं फटे और छूड़ा भी लिया जाय।

तुम समझाते हो मैं भोली हूँ नादान हूँ
मुझे फुसला सकोगे बहला सकोगे

लेकिन क्या जरूरत है इन सबकी
पहले ही कह दिया होता

मैं हट चुकी होती कबकी।
वो बात अलग है कि फूल मुरझा सकते हैं

लेकिन मुरझा कर भी काँटे नहीं बनते
राहों के राही मंजिल तक पहुँचाते हैं

राह के रोड़े नहीं बनते।
तुम अपनी मंजिल तो बताओ

मैं खुद राह बनूँगी
तुम्हें तुम्हारी मंजिल तक ले चलूँगी

राह का अंधेरा खामोश करने
मैं दिन रात जलूँगी।

मुझे जो कुछ भी याद है वो सब बेकार है
अच्छा हुआ कि तुम सब भूल गये अब तो मैं भी भूलूँगी।

अहसान फरोश

अहसान फरोश है तूँ जिन्दगी
मैं चाहता तो जन्म लेने से ही इन्कार कर देता
और अगर जन्म ले भी लिया तो मुझे मरने से कौन रोकता
लेकिन मैने नहीं चाहा
तूँ रूह बने भटकती रहे
दर दर पे दस्तक दे
घर घर में झांके
कोई तेरी तोहीन करे
और तूँ रोती हुई आगे चल दे
मुझे यह भी मंजूर न था
कि तूँ किसी सोती हुई आत्मा को तंग करती
किसी पार्थिव मुर्दे शरीर में जा घुसती
तुझे पसन्द था या ना था
किन्तु किसी की शांति, चैन भंग करती
वो इंसान तड़प उठता, कि नींद में से जग उठता
जो घावों को भूल चुका - उन पर फिर से नश्तर चलता
वो रोता चिल्लाता, लेकिन तूँ न उसे छोड़ती
अहसान फरोश है तूँ कितनी जिन्दगी
अगर तूँ कहीं ओर चली गई होती तो जाने क्या होता
वो तुझे मारता, ना दफनाता और श्मशान तक भी ना पहुँचाता

बचपन भी बीतता या ना बीतता जवान मौत हो जाती
कोई रोग लग गया होता तो भी खत्म हो जाती
अच्छा हुआ तूँ बूढ़ी ना हुई, नहीं तो कमर ही टूट जाती
कौन जाने मस्तिष्क कब क्या करता है?

तेरी बिजली से मौत होती या तूँ जल जाती
जहर ले लिया होता या गले में फंदा लटकता
तूँ पानी में डूब जाती या तेरा खून हो गया होता

मैंने तुझे कितना बचाया, कितना संवारा
लेकिन तूँ ना मानी जिन्दगी, अहसान फरोश है तूँ जिन्दगी

जब से तूँ मेरे संग आई है हिसाब लगा
मैंने क्या खोया क्या पाया, कितना रोया कितना चिल्लाया

मुझे सब याद है ले मैं बताता हूँ
सही अर्थों में कभी जन्म न ले पाया

जब तक नासमझ था वैसे ही रोता था
अब समझने लगा हूँ तो अधिक रोता हूँ

पहले जिस्म रोता था, अब दिल रोता है
जैसे जीवन सब कुछ खोता है।

जाने तूँ कहाँ छुपी बैठी है जिन्दगी, अहसान फरोश है तूँ जिन्दगी।

मैंने कभी कुछ मांगा है? क्या तुझे कुछ याद है? नहीं।
मैं तुझे क्या सताऊँगा, तुझे कैसे रूला देता
तेरे सताये जीवन पर मुझे तो अब भी नाज है

मेरे भी कुछ अरमान थे, सीने में छुपा एक दिल भी था
जो रोता रहा सिसकता रहा, लेकिन मैंने उसे कभी हँसने नहीं दिया

सपने साकार हो सकते थे
    लेकिन तूँ सिहर जाती जिन्दगी,
    क्यूँकि तूँ अहसान फरोश है जिन्दगी

ऐसा नहीं कि मुझे कुछ भी पता नहीं
    मैं जानता हूँ तूँ कुछ दे भी सकती नहीं

लेकिन मैंने कब तुझसे कुछ मांगा
    जो कुछ मेरे पास मैं था वो तेरे हवाले है

या फिर इसे मौत की भेंट समझ लेना
    इससे पहले कि जिन्दगी मौत तुझे खुद के दामन में सिमट ले

तुझे मुझसे समझौता करना होगा
    मैं रोऊँगा, तूँ हँसेगी, मैं मरूँगा तूँ जियेगी

सिर्फ एक बार खिल खिल के हँस पड़ेगी
    अब तो तूँ मान जा ए जिन्दगी

नहीं अहसान फरोश नहीं
    तूँ सबसे हसीन है जिन्दगी।

कविता आज करूँगा

बहुत दिन हुए, कविता किये हुए
मैं कविता आज करूँगा
रोक सको तो रोको ना फिर मुझको टोको
भाव उमड़ रहे है, दिल बहक रहा है
होंटों पे कोई मीठी क्यूँ तान छिड़ रही है
संगीत सुन रहे हो शहनाई बज रही है
आसमां से कोई परी उतर रही है
चाँद बन के जुगनू ऐसा चमक रहा है
जिसने भी यह सब देखा वोही बहक रहा है
तारों ने तै किया है बरसेंगे बन के फूल
चूनर बनेगी इनकी हर दम रहेगी झूल
रात अंधेरी होगी - होगा नहीं अंधेरा
नाग झूमेंगे लेकिन नाचेगा सपेरा
फूलों में छुप कर बैठी कलियों से बात होगी
गर चाँदनी पिघली तो रात कातिलाना होगी
क्या ठिकाना भोर का जब रात ठंडी है
निश्चित नहीं है जिन्दगी ये बात गहरी है
ये खुशी के सारे मौके पल दो पल ठहरते
इनको ठहर के जीना ये ही तो जिन्दगी है
मौत के साये हरदम जिन्दगी को घेरे
आते जाते रहना है लगते रहेंगे फेरे।

बहम

वादे तुमने कभी किये थे उनको तोड़ा आज सनम
इतने अकले कभी नहीं थे जितने कि आज हुए हैं हम
परेशां हुई ये ज़िन्दगी, जीने का हुआ है गम
हमसे साथी क्यूँ छीन लिया हमने ना किया बहम
दिल के टुकड़े बहुत हुए कितनों ने मेरा दिल तोड़ा
मैं टूटे दिल से जी लेता तुमने मेरा दिल क्यूँ तोड़ा
जीवन में चाह नई जागी जीवन ने राह नई पाई
टूटे पंखों के पंछी ने तब दिशा एक नई पाई
दिशा हीन करके मुझको फिर चौराहे पर क्यूँ छोड़ा
जानी पहचानी राहों से अनजानी राहों पर मोड़ा
तुम अपने दिल से तो पूछो जिसने मुझ पर था किया रहम
हमसे साथी यूँ छीन लिया हमने ना किया बहम
वैसे तो जीना छोड दिया कहने को जान रही बाकी
अरमानों की मौत हुई और बिछुड़ गये थे सब साथी
तुमने साकी का काम किया मैंने अमृत का पान किया
जिला दिया मुझको फिरसे ऐसा तुमने अहसान किया
लेकिन क्या आज हुआ ऐसा ना ज़ाम रहा ना तुम साकी
जीवन को अन्तिम क्षण में भी घुटना तो अब तक है बाकी
चाहते हैं तेरे हाथों से हो जाये मेरा क्रिया करम
हमसे साथी यूँ छीन लिया हमने ना किया बहम

तुमने ना कुछ लेना चाहा तुमने ना कुछ देना चाहा
तेरे अन्दर बैठे दिल ने दिल से कुछ कहना चाहा
ना तुझको खबर हुई इसकी ना मुझको ही मालूम हुआ
दोनों ने साथी पाया ऐसा हमको महसूस हुआ
दिल की बात समझ लेने पर ना फिर तुमने कुछ चाहा
साथी मुझको मिल जाने पर मैं बना रहा उसका साया
पर आज मिला क्या हक तुमको कि मेरे दिल से खेलो तुम
साथी मेरा यूँ छीन लिया लेकिन हमने ना किया बहम
मुझको बाती से मिलने दो दो पल भर को तो जीने दो
मैं अन्तिम बार विदा ले लूँ इन लपटों को तो उठने दो
दिल की घुटन नहीं कम होगी तुम से कुछ भी छुपा नहीं है
तुम कितनी भी कोशिश करलो साथी मुझसे जुदा नहीं है
जिस्म जुदा होते रहते हैं, जिस्मों को तुम मरने दो
कुछ रिश्ते ऐसे होते हैं जिनको जिन्दा ही रहने दो
पर आज मिली तुमको खुशियाँ और आज हुआ तुमको यह भ्रम
मेरा साथी मुझसे बिछुड़ गया अब मर भी नहीं सकेंगे हम
तुमने हमको देखा है सिर्फ हँसते
दिल के घाव नहीं देखे जो हरदम रहते रिसते
पीड़ पराई तुम क्या जानों, मेरे दिल को क्या पहिचानो
उजड़े घर बस सकते हैं पर उजड़े दिल नहीं बसते

तुमने हमको देखा है सिर्फ हँसते

तुमने हमको देखा है सिर्फ हँसते।
तुमने आग जली देखी और आग में जलते भी देखा
थोड़ा सा गोर किया हो तो फिर धूँआ भी उठते देखा
ये आग जली होगी कैसे और कौन जला होगा इसमें
इसकी तुमको परवाह नहीं फिर बुझी आग को ही देखा
कुछ परवानों की किस्मत है कि वो हैं आग में जलते
जो समझ नहीं पाते हैं लौ को वो ऐसे ही मरते
तुमने हमको देखा है सिर्फ हँसते
उपवन की हरियाली देखी, फूलों की खुशहाली देखी
पुरवाई को गाते देखा, भँवरों को रस पीते देखा
किसकी चाह रही होगी वो कौन रहा होगा माली
इसका तुमको अंदाज नहीं कि खून बहा था या पानी
कलियों की बदकिस्मत थी कि फूलों को देखा खिलते
जिस डाली पर खिलती है कलियाँ उस पर काँटे भी उगते
तुमने हमको देखा है सिर्फ हँसते।

बरी

कल हमें कुछ हो गया तो दुनियाँ ये कहेगी
मरते दम तक चाह यही थी वो हमारी होगी
हमने तुमको था प्यार किया दोष तुम्ही को देगी
पाप मढ़ेगी तेरे सिर पर हमें बरी करेगी।

कितना सच्चा था प्यार किसी का जो अब तक भी है जिन्दा
सब कुछ था जिसके जीवन में फिर भी दर्द उठा सीने में
अब तो लाश पड़ी है उसके घर के एक जीने में
याद किसी की है होंटों पर जब कि वो है मुर्दा
जीते जी कुछ दे न सकी क्यूँ मरने पर शर्मिन्दा
तुम मेरे दर पर मत आना, लाश नहीं उठेगी
हम उठके तो नहीं जायेंगे तूँ ना कंधा देगी
भरी जवानी दुनियाँ छोड़ी किससे क्या पाया उसने
यश अपयश धन धाम सभी को क्यूँ कर ठुकराया उसने
समय भुला देता है गम भी कुछ दिन और ठहर जाता
अगर समझ गया होता दुनियाँ को जीना सीख यहीं जाता
पर टूटे दिल से जी न सका वो भी शायद अब रोये
उसका दिल कोई तोड़ेगा तो वो भी टूटेगी
कल हमें कुछ हो गया तो दुनियाँ ये कहेगी।

मज़बूरियाँ

प्यार की मजबूरियाँ किसी ने क्या देखी होंगी
    जिससे मैंने है प्यार किया उसकी भी मजबूरी होगी
वरना खिदमत उनकी जो हर कोई करता रहता है
    मुझसे ऐसा बैर नहीं जो मुझसे ही रूठेंगी
दिन रात जला तेरी यादों में तुझको धूंआ तक न दिखा
    मेरी खुशियाँ बदल गई गम में अफसोस तुझे ना रंज हुआ
पत्थर का सीना है तेरा जिस पर कुछ भी ना असर हुआ
    या दिल तेरा भी जला हुआ है तूँ किससे कहती होगी
    जिससे मैंने है प्यार किया उसकी भी मजबूरी होगी
दुनियाँ ने मुझको खूब हँसा मैं दुनियाँ से कहता भी क्या
    पागल सी सूरत को लेकर मैं दुनियाँ छोड़ कहाँ जाता
मेरे अपने जब बेगाने तो दुनियाँ से शिकवा ही क्या
    हो सकता है तुझको भी कोई खबर नहीं हुई होगी
    जिससे मैंने है प्यार किया उसकी भी मजबूरी होगी
तूँ जब जब भी मिल जाती हो तो मुझसे दूर चली जाती
    जितना भी तूने ठुकराया मैं तेरे पास चला आया
तेरे होंठो पर गुस्सा था मुझको तुझसे एक शिकवा था
    पर होंट नहीं खोले मैंने चाहे जितना भी बहका था
आँखों से पूछ लिया होता तूँ भी तो बहकी होगी
    मैंने जिससे है प्यार किया उसकी भी मजबूरी होगी।

तुम्हें क्या मालूम कि हम तुमसे प्यार करते हैं
किसी को क्या मालूम कि हम तुम्हें खत भी लिखते हैं
रातों को मालूम है कि सारी रात रोते हैं
या फिर हमें है मालूम हम तुम्हीं से प्यार करते हैं।

आकाश के गर्भ में ये कौन चमकता है
उसी से फैली चाँदनी यूँ क्यूँ महकती है

धरती के चकोर तुझको क्या चाहिये
चाँद चाहिये या कि तारों की बारात चाहिये
वो तो सब हैं बेखबर चाँदनी ही चाहिए।

भोर हुए ही आफताब तूँ क्यूँ निकलता है
चढ़ते दिन के साथ साथ तूँ क्यूँ दहकता है

पानी में छुपा कमल तुझको देख खिलता है
सूर्य किरण जो तुझ तक आयीं उससे नाता है

कौन कहेगा आफताब को कोई प्यार करता है।
तुम्हे क्या मालूम कोई प्यार करता है

वाह री किस्मत

क्यूँ अफसोस मनाता है तेरी किस्मत का क्या कहना
तुझ पर किस्मत भी हँसती है तेरा कौन सुनेगा ये रोना
पलकों पर मोती रहते हैं कहते हैं भाग्य बड़ा तेरा
ऐसी किस्मत पर नाज़ नहीं तो जीवन भर रोते रहना
गुलशन में मेरे फूल खिले मैंने फूलों से यह पूछा
तुम कब तक साथ निभाओगे फूलों ने हँसकर यूँ बोला
माली फूलों से प्यार न कर तूँ कलियों से इकरार न कर
हम खिलते हैं औरों के लिये हमको तुझसे है क्या लेना
तुझ पर किस्मत भी हँसती है तेरा कौन सुनेगा ये रोना
चाँद बना कोई चमका रातों की रानी यूँ महकी
नभ के सितारों ने धरती पर एक सजी दुल्हन देखी
हमने धरती की दुल्हन को नभ के तारों में खोज लिया
बदली ने चन्दा ढाँप लिया हमसे बोली छोड़ो सपना
तुझ पर किस्मत भी हँसती है तेरा कौन सुनेगा ये रोना
दुनियाँ की दीवारें हैं तूँ तोड़ नहीं सकता इनको
किस्मत तो तेरी अपनी है तूँ फोड़ तो सकता है इसको
इन्तजार किसकी अबतक यूँ तुझको रोके रखी है
किस्मत उनकी तो अच्छी है तूँ हाथ मसलते ही रहना
तुझ पर किस्मत भी हँसती है तेरा कौन सुनेगा ये रोना।
तुम क्या रूठे दुनियाँ रूठी रूठ गई है निंदिया
यादों में तेरी खोये खोये बीत गई कितनी रतियाँ

भोर फटे उपवन महके महके उपवन की कलियाँ
हमसे वो उपवन भी रूठा, रूठ गई जिसकी कलियाँ
किस्मत वाले हँसते है, जिसने नहीं जाना रोना,
तुझ पर किस्मत भी हँसती है, तुझको पड़ता है रोना

ग़म

झूठी खुशियाँ रखो तुम, या तुम चाहो जिसको दे दो
गम हो मुबारक मुझको अपना तुम भी गम मुझको दे दो
विश्वास नहीं गर तुमको मुझ पर दिल पर तो विश्वास करो
दिल क्या दिल को ठग सकता है गम इस दिल को तुम दे दो।

गम मेरे जीवन से खेला मैं गम से खेला करता हूँ
खुशियाँ इतनी दी है गभ ने मैं गम को झेला करता हूँ
जब जब भी तुम दूर गये तो गम ही मेरे पास रहा
तेरी यादों के दामन को गम ने ही तो सहलाया
तुम मुझको ठुकरा सकते हो पर प्यार को क्यूं ठुकराया
गम जिस दिन ठुकरा देगा मुझको मौत बनेगी हमसाया साया
तुमको मेरी है चाह नहीं तुमको गम से भी प्यार नहीं
तुमने जीवन को भोगा है गम को इसमें एतराज नहीं
गम चाहता है तुम प्यार करो तुम गम से भी इकरार करो
जब खुशियाँ दामन छोड़ चले तो
गम को अंगीकार करो
झूठी खुशियों के अफसाने
कब तक दिल को धोखा देंगे
रात अंधेरी हट जाने पर दिन भी तो ठुकरा देंगे
तब एक सहारा गम का होगा गम के दामन फैलेंगे
फैले दामन में छुप जाना दामन गम के ना सिकुडेंगे।

अश्क

अश्क बनते हैं पिघलते हैं आँखों की राह बहते हैं
घटा घनघोप छाई हो बाढ़ दिल में आई हो
बरखा गर खूब बरसी हो
तो ज्वार इसी को कहते हैं
तब अश्क मुझे भिगोते हैं।
अश्क तुम्हे डूबो देंगे तुम्हें भी संग बहा लेंगे
अगर किसी दिन छू लिया तो अश्क तुम्हें रूला देंगे।
अब तक तो तुमने अश्कों को पानी की बूँदें ही समझा
लहू का पानी बनता है ये अश्कों का बहता झरना
दिल की क्या हालत होती है जब अश्क शुरू होते बहना
कहानी सिर्फ शुरु होती है जब अश्क शुरु होते गिरना
ये अश्कों का अफसाना है गालों पर मोती लगते हैं
तुम छूकर तो देखो इनको ये दिल की जुबानी कहते हैं।
दिल तो ठहरा भोला भाला या फिर बनता है मतवाला
जब जब भी ठोकर खाई तो अश्क बना इसका रखवाला।

पछतावा

जितना भी प्यार किया मैंने उतना ही मैं पछताया हूँ
इस दुनियाँ के सौ अफसाने मैं तो बस रो पाया हूँ
कलियाँ चहकी फूलों के संग फूलों ने रंग बिखेरा था
भंवरों ने गीत नये गाये कलियों से मधु बटोरा था
मैं खुश्बू से खुश हो जाता काँटो को रास नहीं आया
काँटों से छलनी छाती है दिल चीर दिखाने आया हूँ
हँसते देखा जब दुनियां को मैंने भी हँसना चाहा
हँसने को जीवन समझा तो मैंने भी जीना चाहा
ना दुनियाँ को हँसना भाया ना जीना रास मुझे आया
अपनी खुशियाँ से तंग आकर मैं रोता वापस आया हूँ।
नयनों ने नयनों को समझा, दिलने था दिल को पहचाना
आपस में कुछ ले देकर के मुझको तो दूर ही ठहराया
सजा भुगतनी थी मुझ को मुझको अफसाना बनना था
अपनी सी सूरत लेकर के मैं टूटा दिल ले आया हूँ।
नभ में चाँद सितारे चमके, उनके आंगन खुशियाँ महके
अपनी अपनी किस्मत है, उनकी किस्मत वो खुद चमके
एक हमारी किस्मत है जिसने गुलजार नहीं देखा
प्यार में पैसा देखा है वो रूठी किस्मत लाया हूँ
जितना भी प्यार किया मैंने, उतना ही मैं पछताया हूँ।